ASKO HAUS
Restaurant
Café
Terrasse

H. Kröss
Saarbrücken 1
Eisenbahnstraße 51
Feinkosthandlung
Geflügel · Wild
Fische · Weine · Liköre
*
Telegr.-Adr.: Kröss Saarbrücken
Fernsprecher Nr. 155 und 1601

Trinkt Chabeso!
Erhält jung, frisch und gesund!
Alkoholfrei, erstes milchsäurehaltiges Getränk. Uebt wohltuende Wirkung auf die Verdauung. Aerztlich empfohlen. Gesetzlich geschützt. Beliebt bei Jung und Alt. In über 150 Städten eingeführt. Die Fabrikation geschieht unter Aufsicht und Kontrolle des approbierten Nahrungsmittel-Chemikers Dr. Büschler, Arnstadt i. Thür.
Alle anderen milchsäurehaltigen Getränke sind Nachahmungen von Chabeso.
Alleiniges Fabrikationsrecht für das Saargebiet:
E. Köhler, Saarbrücken 2
Ludwigstraße 69. Telephon 2234.
In allen Lokalen zu verlangen.

Trinkt
das gute
Karlsberg-Bräu

Johann Brandenburger, Brebach-Saar
Inh.: Friedrich und August Brandenburger
Größtes Spezialgeschäft im Saargebiet
in landwirtschaftlichen Maschinen und Geräten

H. Wahlster, Saarbrücken 3
empfiehlt
Zuckerwaren
Marmeladen · Teigwaren

N. THOMÉ
Saarbrücken 3
Wein-Großhandlung
Büro und Kellerei: Dudweilerchaussee 61
Telephon Nr. 2525 und 3896 :-: Telegr.-Adr.: „Weinthomé"
Zweigniederlassung in Baden-Baden
*
Spezialität:
Originalkreszenzen erster Güter
der deutschen Weinbaugebiete
Vornehme Charakter-Weine

Wir verlangen nur noch Bonbons Marke:
„Lehnerol" ges. gesch.
Fabrikant: Zuckerwarenfabrik „Lehnerol" Karl N. Lehnen
Saarbrücken 1

Die unbedingt sichere Gewähr für wirklich hygienisch einwandfreie
Gesunde Milch
bietet Ihnen nur die
Milchhof G. m. b. H.
Saarbrücken 1
Größter und modernster Molkereibetrieb des Saargebietes auf gemeinnütziger Grundlage

Dr. August Oetker, Bielefeld
Das Rezeptbuch „Backen macht Freude" ist gegen Einsendung von Marken bei meiner Gen.-Vertretung Otto Hüther, Saarbrücken 3, Postfach 409 zu haben.

V. Monter
G. m. b. H.
Wein- und Branntwein-Großhandlung, Branntweinbrennerei
Saar-, Mosel- u. Pfalz-Weine
Französische Weine
*
Edelbrannt-Weine
Feinste Tafelliköre
Saarbrücken, St. Johannerstraße 20
Telephon 1946 und 1947

Küppersbusch
der Allerbeste!
Spar-Gasherde
Kohlenherde
Kombin. Herde
Dauerbrandöfen
Jean Gläser / Saarbrücken 3
Bahnhofstraße 8, 10 und 26 Tel. 420, 421 Bahnhofstraße 8, 10 und 26

Georg Steil, Saarbrücken 2
Telephon 1151 — Jahnstraße 10
Ich liefere:
Heilwasser

Biliner Sauerbrunnen	Mergentheimer Karlsquelle
Brückenauer Wernarzerquelle	Neuenahrer Großer Sprudel
Dürkheimer Maxquelle	Salzschlirfer Bonifaziusbrunnen
Emser Kränchen in Krügen	Selters (staatl.)
Fachingen (staatl.)	Wiesbadener Kochbrunnen
Friedrichshaller Bitterwasser	Wildungen Gg. Viktor- und Helenenquelle; Wildungen Königs- und Reinhardsquelle
Glashäger Siliciumquelle	Weilbacher Schwefelquelle
Homburger Elisabethbrunnen	**Sonstige Mineralwasser:**
Kissinger Rakoczy	Bromwasser (Erlenmeyer)
Lamscheider Stahlbrunnen	Wiesbadener Gichtwasser
Lauchstädter Mineralbrunnen	Appollinarisbrunnen
	Römer-Sprudel — Badesalz

Biere u. Sprudel
Original-Kraftbier
Neufang-Jaenisch
Spaten-Bräu, München
deutsche und französische Sprudel sowie Limonaden und Kohlensäure

Bierbrauerei
G. A. Bruch
SAARBRÜCKEN
„Edelbräu"
Qualitätsbier I. Ranges

Jean Gläser
Erstes Herde- u. Ofenspezialgeschäft
Saarbrücken 3
Bahnhofstrasse 10
Telefon 420, 421 u. 422

Herde
Oefen · Gasherde

SAARGOLD
WAHLSTER NUDELN
DIE EINHEIMISCHE QUALITÄTSWARE

Gerhard Bungert · Charly Lehnert

gudd gess

Ein saarländisches Kochbuch

mit einem Vorwort von Peter Maronde

Queißer Verlag
in
Zusammenarbeit mit SR 3 Saarlandwelle
und dem Verein der Köche im Saarland e.V.

4. verbesserte Auflage 1989

Printed in Germany
ISBN 3-921 815 53 3
Titelfoto: Gerhard Heisler
Fotos: Manfred Queißer
Gestaltung und Illustration:
Claudia und Charly Lehnert

Inhalt

Mir wisse was gudd is

Seit jeher ist es Brauch, daß sich die Bunten Funkminuten auf SR 3 Saarlandwelle auch mit jenem menschlichen Körperteil beschäftigen, durch den bekanntlich die Liebe geht: mit dem Magen.

Mein Vorgänger Klaus Groth verbreitete bereits die Rezepte seiner Tante Amalie und tat auch gleichzeitig etwas für die schlanke Linie seiner Hörer, indem er einen Abnehm-Club gründete.

Beides scheint sich zu widersprechen. Aber der Schein trügt. Denn eine wichtige Voraussetzung für die „Abnemmerei" ist bewußte Ernährung und bewußtes Kochen. Nicht so, wie es unsere Großmütter getan haben. Sie mußten ihre Familie in den „schlechten Zeiten" satt kriegen – egal wie. Und das geschah meistens mit viel Fett, mit Kartoffeln und Mehl. Aus diesen „Grundnahrungsmitteln" und dem, was gerade im Garten wuchs, schufen sie eine Unzahl von sättigenden Gerichten. Die Bergleute und die Hüttenarbeiter langten zu und blieben schlank. Meistens, jedenfalls. Die anderen aber, die keinen so hohen Kalorienverbrauch bei der Arbeit hatten, die wurden vollschlank. Deshalb: Vorsicht mit der saarländischen Küche! Es ist keine Diätküche. Wer schlank werden oder bleiben will, sollte aber nicht darauf verzichten. Man muß ja nicht gleich zulangen wie ein Weltmeister. Die Qualität bringt's, nicht die Quantität. Oder? – Jetzt rede ich schon wieder von der „Abnemmerei", und dabei wollte ich Ihnen überhaupt nicht den Appetit verderben. Im Gegenteil! – Ich wollte, daß Ihnen bei diesen Zeilen das Wasser im Mund zusammenläuft. Aber das schaffen die Rezepte sicher besser als mein Vorwort.

Die Rezepte stammen übrigens alle von Hörern und Hörerinnen der Bunten Funkminuten des Saarländischen Rundfunks. Sie sind das Ergebnis eines Kochwettbewerbs, mit dem wir noch einmal herausstellen wollten, daß wir im Saarland nicht nur „wisse was gudd is", sondern daß wir auch neue Gerichte schaffen können, auf der Basis der traditionellen Küche unserer Ahnen, mit Zutaten aus dem Saarland.

*

Mein Kollege Gerhard Bungert hat zusammen mit Charly Lehnert die Rezepte in eine – sprachlich und optisch – ansprechende Form gebracht, und beide haben die wichtigsten Einsendungen auch noch literarisch und visuell „garniert". Das Auge ißt ja bekanntlich mit, und das ist nicht nur eine alte Weisheit der Köche, sondern auch der Verleger, Graphiker und Autoren. Im wesentlichen haben sich beide jedoch an die Vorlagen gehalten, wie sie uns auf den Redaktionstisch geflattert sind, selbst wenn dadurch die Rezepte bisweilen nicht vollkommen einheitlich geworden sind. Der eine macht mal detaillierte Angaben, der andere traut den Lesern sehr viel zu. Ich glaube aber, daß Sie keine allzugroßen Schwierigkeiten beim Lesen und Nachkochen haben dürften.

*

Die fünf Siegermenus der Hobbyköche und die acht Siegermenus der Berufsköche haben gewissermaßen einen „Ehrenplatz" am Anfang des Buches. Nach einigen grundsätzlichen Überlegungen von Gerhard Bungert über die saarländische Koch- und Eßmentalität folgen dann die Einzelrezepte, die keine Preise bekommen haben, die uns aber so interessant erschienen, daß wir sie ebenfalls in das Buch aufnahmen. Selbstverständlich nicht alle. Was sich als weniger verträglich oder extrem „unsaarländisch" herausstellte (z. B. Korsischer Salat), das flog raus. Es sollte ja schließlich ein saarländisches Kochbuch werden, wenn auch nicht alle Gerichte so typisch sind wie "Dibbelabbes" oder „Quer-durch-de-Gaarde".

Ein kleines, saarländisches Küchenlexikon soll an einige Mundartbegriffe erinnern, die vor allem in der Küche gebraucht werden. Die literarischen Zitate sollen zeigen, wie unterschiedlich man sich mit der saarländischen Küche auseinandersetzen kann. Damit Sie auch mal sehen, wer die Siegermenus ausgewählt hat, haben wir die Fotos der Jurymitglieder abgedruckt, und dann geben wir auch noch ein paar Energie-Spartips.

Das wichtigste jedoch von allem sind die Rezepte und das, was Sie, liebe Leserin und lieber Leser, daraus machen. Damit alle nachher sagen können: Mir hann **gudd gess.**

Ihr Peter Maronde

Grußwort

Der Verein der Köche im Saarland freut sich über das Ergebnis des saarländischen Rezeptwettbewerbs für Amateure und Profis.

Die Pflege und Weiterentwicklung der Kochkunst ist eine der wesentlichen Aufgaben des Vereins. Somit kam die Idee nicht von ungefähr, die nur auf den ersten Blick scheinbar bescheidene Küche der Region Saarland durch weitere Leckerbissen zu ergänzen und bekannter zu machen. Das Ziel, mit traditionellen sowie den neugeschaffenen Gerichten zu einer unverwechselbaren saarländischen Spezialitätenkarte beizutragen, ist erreicht worden.

Dieses saarländische Kochbuch, eine Rezeptmischung von deftiger Hausmannskost und gänzlich neuen Kreationen, ist für alle, die gern kochen und die, die gern gut essen, eine gelungene Zusammenstellung. Unserer saarländischen Gastronomie bietet dieses Buch die Möglichkeit, durch eine Reihe neuer Gerichte ihr Speiseangebot zu erweitern.

Der Verein der Köche bedankt sich bei allen Beteiligten, die mitgeholfen haben, den Wettbewerb und dieses Kochbuch zu ermöglichen.

Den Amateuren und Profis, die das Buch nutzen, wünschen wir beim Kochen auf saarländisch gutes Gelingen und ihren Gästen einen guten Appetit.

Horst Reiss
Vorsitzender

Horst Reiss (Bildmitte) mit Gerd Franzen (Hotel- und Gaststättenverband), links und Friedrich Hatzenbühler (SR 3 Saarlandwelle), rechts

La nouvelle cuisine sarroise

(Die „neue saarländische Küche")
von Gerhard Bungert

Ma soll's net menne! Auch die Küche ist der Mode unterworfen. Die „Freßwelle" der Nachkriegszeit kannte die „Hähnchenphase", die „Pizzawut" und die „Chinamode". Die Gastronomie wurde auf einmal international. Im „Großen Stadtführer von Saarbrücken" sind allein über 50 ausländische Lokale verzeichnet, und die scheinen sich großer Beliebtheit zu erfreuen. Man geht „zum Italiener", „zum Griechen", „zum Chinesen" und ißt das, was mehr oder weniger italienisch, griechisch oder chinesisch ist.

Die neueste Mode für alle, die auch mal tiefer in den Geldbeutel greifen können und wollen: la nouvelle cuisine, die „neue Küche". Auf die französische Formulierung kann man leider nicht verzichten, nicht nur, weil die Sprache der Gourmets Französisch ist, nein, diese neue Art zu kochen, zu servieren und zu essen kommt aus Frankreich, und jede Übersetzung, ob ins Hochdeutsche oder in unsere Mundart muß banal und mißverständlich klingen. „Die nei Kisch" ist ja meistens aus holzähnlichem Pressmaterial, während „la nouvelle cuisine" alles andere als „von Pappe" ist. Sie setzt gewissermaßen ganz neue quantitative Impulse, oder – einfacher ausgedrückt: Die Teller sind größer, dafür sind die Portionen kleiner.

Bei all diesen Neuerungen scheint die traditionelle saarländische Küche keine Chance zu haben. Es sei denn, man liebt das Deftige, und man paßt sich den neuen Entwicklungen an. Wie das aussehen könnte, habe ich letztens mit meinen beiden Kollegen Alf Betz und Friedrich Hatzenbühler in der Kantine des Saarländischen Rundfunks entwickelt. Gemeinsam haben wir den „Dibbelabbes" internationalisiert. Herausgekommen sind folgende Gerichte:

Dibbelabbes nature

Zutaten:
1 kg Kartoffeln (es dürfen auch „Grumbiere" sein)
1 Stange Lauch

Salz Muskat
Pfeffer Ei

Petersilie und/oder Majoran
125 Gramm Dörrfleisch oder Schinken

Das Dörrfleisch bzw. der Schinken wird klein geschnitten und in einem gußeisernen Bräter ausgelassen. Die „Griebchen" mischt man zusammen mit dem feingeschnittenen Lauch, dem Ei, der Petersilie bzw. dem Majoran und den Gewürzen unter die geriebenen und fest ausgedrückten, rohen Kartoffeln. Dann füllt man die Masse in den Bräter und läßt den Dibbelabbes etwa 2 Stunden bei 200 Grad im Backofen schön knusprig braten.

Dies ist dann gewissermaßen der „Grundstoff" für die internationalen Varianten, welche da sind:

Dibbelabbes truffé

Statt Dörrfleisch nehme man Trüffel.
Wichtig: Vorher den Kontostand überprüfen!

Dibbelabbes Hawaii

Wie „Dibbelabbes nature", nur mit einer halben Scheibe Ananas aus der Dose belegt.

Dibbelabbes indisch

Wie „Dibbelabbes natur", mit einer dünnen Scheibe Banane und etwas Curry.

Dibbelabbes provençale

Wie „Dibbelabbes natur", mit einer Scheibe nicht mehr allzu frischer Tomate und etwas Thymian.

Dibbelabbes Alhambra

„Dibbelabbes nature" mit einem Ring Calamares, in dessen Mitte wir eine entkernte, grüne Olive legen. (Falls eine Olive nicht vorrätig, darf es auch eine schwarze Olive sein. Man spricht dann allerdings von „Dibbelabbes Sevilla" oder von „Dibbelabbes catalane", wobei letztere Bezeichnung nur in den Hochtälern der Pyrenäen geläufig ist.

Dibbelabbes Papillon

Mit einer Drehung Pfeffer aus der Mühle garniert und auf einem Gitterrost serviert.

Dibbelabbes Zaziki

Mit 35 bis 40 Gramm fein getrüffeltem, griechischem Schafskäse beträufelt und auf einem Weinblatt serviert.

Der passende Wein zu all diesen Gerichten: **Flaschenbier**

Die Erfolgschancen dieser Rezepte scheinen gering zu sein, obwohl die Übereinstimmung mit gewissen Realitäten sicher nicht nur zufällig sein dürfte. Der Phantasie ist bekanntlich auch bei der Namensgebung keine Grenze gesetzt. Das popeligste Gericht scheint immer noch ein Recht auf einen guten Namen zu besitzen. Auf welche Ideen unsere Köche und Kantinenwirte kommen, wenn es darum geht, ein Hacksteak, ein Schnitzel oder ein Würstchen zu verkaufen!

Ich wünsche mir manchmal, daß die Namenserfinder ihre geistige Energie mehr auf die Zubereitung der Speisen konzentrieren, statt falsche Phantasiegebilde zu erschaffen. Ein Rinderbraten ist noch lange kein Burgunderbraten, nur weil man einen Schuß billigen Rotwein in die Soße getan hat, und ein Würstchen darf sich noch lange nicht „Studenten-Cordonbleu" schimpfen, nur weil es mit einer zehntel Scheibe Schmelzkäse und 15 Gramm verbranntem Dörrfleisch garniert ist.

*

Da ist mir die gute, alte saarländische Küche mit ihren konkreten und klaren Bezeichnungen viel, viel lieber. Nicht, daß ich der ausländischen Küche nichts abgewinnen könnte. Im Gegenteil: Ich bin schon mal wegen eines Cassoulets bis nach Limoux gefahren. Aber ich habe etwas gegen Verfälschungen. Deshalb esse ich auch die ausländischen Gerichte am liebsten im Ausland. Ich käme aber nie auf die Idee, mir in Italien eine Paella zu bestellen oder in Frankreich ein Gulasch zu essen. Da fehlt einfach das Ambiente, da fehlt das Gefühl: „Ich koste jetzt ein Stück Land. Ich nehme es jetzt auch mit dem Geschmackssinn auf, nachdem ich schon viel davon gehört und auch gesehen habe. Jetzt kann ich es auch riechen und schmecken". – Erst dann wird ein Landstrich ein rundes, sinnliches Erlebnis.

Dem einen oder andern mag dieser Standpunkt ein wenig versponnen erscheinen. Vielleicht ist er es auch. Aber ich selbst habe nur dann den vollkommenen Genuß, wenn **alles** stimmt. Was mir in Südfrankreich schmeckt, muß mir in Saarbrücken noch lange nicht schmecken. Eine Rostwurst vom Holzkohlengrill an einem kühlen, trockenen Abend, selbstverständlich vom Holzkohlengrill, kann ein großer Genuß sein. Zuhause aber schmeckt sie oft fad.

Das beste Beispiel lieferte mir mein Vater. Mitte der fünfziger Jahre füllte er einmal eine kleine Schüssel mit frischem Schnee und rührte Marmelade darunter. Im Krieg hatte ihm das mal vorzüglich geschmeckt. Aber jetzt? Beinahe hätte er die Tasse weggeworfen. Es kommt eben nicht nur darauf an, was und wie man ißt, sondern auch darauf, wo und wann man etwas zu sich nimmt.

Viele meiner Freunde und Bekannte denken und handeln ähnlich – und sind vielleicht deshalb auch so eifrige Hobby-Köche. Charly, z. B. macht ausgezeichnet Entrecôtes; Madlens Spezialität sind Schweinelendchen auf Apfelscheiben in Calvados-Soße; Robert legte Heringe mit ganzen Zitronen ein und servierte dazu geschlagene, saure Sahne; Ullas Tomatensuppe ist einfach Spitze; Schorschs Nudeln mit schrecklich viel Knoblauch und crème fraîche sind unübertroffen; und die Leberknödel erst, die meine Mutter macht ... Mmmh ... Jetzt läuft mir – beim Schreiben – das Wasser im Munde zusammen.

*

Da hilft nichts: Ich bin ein „Feinschmecker von Lebensmitteln aller Art" – wie es Tante Kätsche einmal ausdrückte. Und ich bin sicher, daß das ein typisch saarländischer Zug von mir ist. In einem anderen Zusammenhang habe ich einmal darauf hingewiesen, daß sich im Saarland deutsche Quantität und französische Qualität überlappen. Ich kann nun mal beides nicht voneinander trennen. Wenn's mir gut schmeckt, höre ich eben nicht auf, obwohl ich es eigentlich tun sollte.

Nicht nur Quantität und Qualität scheinen in der saarländischen, kulinarischen Szene eine Einheit zu bilden. Das hohe Niveau scheint sich auch mit einer gewissen Lässigkeit zu verbinden. Auf dem Saarbrücker Altstadtfest etwa kann man an Ständen Köstlichkeiten kaufen, für die man in anderen Regionen ein Spezialitätenrestaurant aufsuchen müßte. Crevetten, Forellen und Froschschenkel gibt es so selbstverständlich wie „Grumbierkieschelscher" und Schwenkbraten. Und das scheint mir auch der Hauptunterschied zwischen dem Saarland und der (übrigen) Bundesrepublik zu sein. Nicht daß es solche Spezialitäten bei uns gibt. Die gibt es überall. Aber bei uns sind sie selbstverständlicher.

Ich habe bei einer „Französischen Woche“ in einem Saarbrücker Supermarkt einmal drei Bauarbeiter beobachtet, die ihre Coquilles St. Jacques auf Papptellern verzehrten und dabei mit verzückten Gesichtern einen trockenen Muscadet getrunken haben. Sie freuten sich riesig, und auf meine Frage hin, was sie denn feierten, sagte einer: „Dienstag“. So viel sinnliche und sinnhafte Lebensphilosophie habe ich noch nie beisammen gesehen. Coquilles und Muscadet allein sind es genau so wenig wie Essen auf Papptellern. Aber diese Mischung, die machts.

*

Leider, leider bin ich, wenn es um Esserei geht, meinen Prinzipien untreu. Da bin ich furchtbar intolerant. Da laß ich auch nicht mit mir reden. Da bin ich stur. Wer Fertiggerichte aus dem Aldi mit nach Südfrankreich in den Urlaub nimmt, ist für mich eine „kulinarische Wildsau“ (die Liebhaber von Wildschweinbraten mögen mir diesen Vergleich verzeihen); wer in der Probierstube einer Winzergenossenschaft im Languedoc einen Bordeaux bestellt, ist – gelinde gesagt – ein Ignorant (treffendere Bezeichnungen finden sich in meinem saarländischen Schimpfwörterbuch „Graad selääds“), und wer meint, daß das „gute Essen“ erst beim Hunger anfange, ist ein unsympathischer Snob.

Seit Jahren gibt es in Frankreich eine Feinschmekkerdevise: Der Gourmet reist mit dem Michelin, der ganz große Genießer aber ist auch im Besitz eines Verzeichnisses der Fernfahrergasthäuser, und darin hat er einige wenige Lokale angekreuzt. So machen das die ganz großen Genießer, und wir Saarländer glauben immer noch, unsere hausgemachte Küche sei doch etwas primitiv. Klar: Die traditionelle saarländische Küche ist eine Arme-Leut-Küche. Da wurde zwar nicht nur mit Wasser gekocht, aber die wichtigsten Zutaten blieben über Jahrzehnte hinweg Kartoffeln, Mehl und Fett in seinen verschiedensten Formen. Aber das hat die saarländische Küche mit allen anderen regionalen Küchen gemeinsam. Von daher muß man ernsthaft die Frage stellen, ob es so etwas wie eine saarländische Küche überhaupt gibt. Man sollte vielleicht besser von einer Arme-Leut-Küche sprechen, die selbstverständlich ihre regionalen Ausformungen hat. Selbst so typisch erscheinende Gerichte wie „Dibbelabbes“, „Gefillde“, „Lyoner“ und „Schwenkbrode“ kommen irgendwoher: Der „Dibbelabbes“ aus dem Rheinland, die „Gefillde“ aus Bayern, der „Lyoner“ aus Schwaben und „Schwenkbrode“ vor noch nicht allzu langer Zeit aus dem Hunsrück. Wenn ich mich richtig erinnere, gibt es ihn erst seit Ende der sechziger Jahre im Saarland. Aber mittlerweile ist er bei uns so verbreitet, daß mein Freund Schorsch zu der folgenschweren Erkenntnis gelangte:

Der Mensch denkt,
Gott lenkt,
der Saarländer schwenkt

Der Schwenkbraten gehört heute einfach dazu. Er wandert über die Fleischtheken der Supermärkte in die Einkaufswägelchen und wird zuhause nach „Geheimrezepten“ eingelegt. Und dann dürfen die Männer Pfadfinder spielen: Feuerchen anmachen, blasen und fachsimpeln („So brennt das nie!“); und irgendwann wird er dann mit vielen „Mmmhs“ und „Aaah“, mit Weck und Kartoffelsalat und ganz großem Lob für den „Grilleur“ hinuntergeschafft in den „Urpilscontainer“.

*

Das ist die Basis: die einfachen (nicht simplen) Gerichte der Arme-Leut-Küchen im Saarland. Sie galt und gilt es zu veredlen. Und das haben die Hobby- und Berufsköche, deren Rezepte in diesem Buch abgedruckt sind, geschafft. „Gudd gess“ ist gewissermaßen eine Bestandsaufnahme dieser Bemühungen. Einen guten Appetit braucht man wohl nicht zu wünschen. Der ist eine Selbstverständlichkeit. Und wenn es – wider Erwarten – nicht schmecken sollte: Na dann Mahlzeit!

Aperitifs

Zitronensorbet

mit saarländischem Winzersekt

(für 4 Personen)

Zutaten:

1 Flasche Saar-Winzersekt, brut oder extra trocken
1 Glas Kirschwasser, Hefetrester oder Obstler
1 Liter Zitroneneis (ohne Milch)

1.
In einer rostfreien Schüssel wird das Zitroneneis mit dem Schnaps etwas mit dem Schneebesen aufgeschlagen und mit dem gutgekühlten Sekt vermischt, sofort in eine große Sektschale gegeben und serviert.

2.
Alle Zutaten sollten so kalt sein, daß das Sorbet noch etwas kristallisch ist beim Verzehr.

Viezcocktail

von „Hilbringer" Äpfeln

(für 4 Personen)

Zutaten:

2 feste Äpfel
1 Liter herben Viez
(möglichst aus dem Merziger Gau)
2 Teelöffel Zucker
1/2 Tasse Wasser
1 fingernagelgroßes Stück Zimt, ganz

1.
Die gewürfelten Äpfel in dem Wasser mit Zucker und Zimt ein mal aufkochen lassen und kühl stellen!

2.
Dann löffelweise in große Gläser (Sektschale oder Longdrinkgläser) geben, mit gutgekühltem Viez auffüllen und servieren.

Kir

von trockenem Saarwein

1.
In eine Sektschale oder einen großen Moselrömer gibt man eine geviertelte Orangescheibe und zwei Schnapsgläschen (4-5 cl) Cassis von höchstens 16 Grad und gießt mit eiskaltem, trockenem Wein von der Obermosel (z. B. Komer Spätlese trocken aus Nittel) oder einen trockenen Saarwein (aus Wiltingen bzw. Wincheningen, Ayl etc.) auf und serviert sofort.

Dieter Riehm

Preisgekrönte Menus der Hobbyköche

Die Hauptsach

Als Kinner hann mir unverdroß,
e Haarzschmier mit Genuß genoß.
Un Hoorische, ma tut's kaum glaawe,
die ware kaum dir aus em Haawe,
do hann mir gleich, ganz hochbegliggt,
in ähnem Rutsch zwölf Stick verdriggt.
Ganz prima war gefillter Kappes,
e Hochgenuß de Dibbelabbes.
Un heischd es heit: komm, geh, vergeß!
Do sahd ma druff: Mir hann gut geß!

Emil Schäfer

MENU
„Saarbrücker Kirmesmenu"

Champignonsuppe

*

Edelschales

*

Kirmespudding

preisgekrönt
(Hobbyköche)

Elisabeth Ruffing
Semperstraße 28
6600 Saarbrücken 3

VORSPEISE

Champignonsuppe

Zutaten:
1/2 bis 1 Liter Wasser
1 bis 2 Bouillonwürfel
500 Gramm Champignons (in Scheiben)
300 Gramm Kalbsfilet (gewürfelt)
1 Eßlöffel Weizenmehl
1 Eßlöffel Butter
Salz
Pfeffer
Muskat
Petersilie
süße Sahne
Weißwein

1.
Das Wasser mit den Bouillonwürfeln zum Kochen bringen.
2.
Fleisch und Pilze dazugeben und garen lassen.
3.
Mit Butter, Mehl und Gewürzen eine helle Schwitze machen und mit der Brühe, dem Fleisch und den Pilzen auffüllen.
4.
Glatt rühren und abschmecken.
5.
Mit süßer Sahne und/oder Weißwein abrunden.

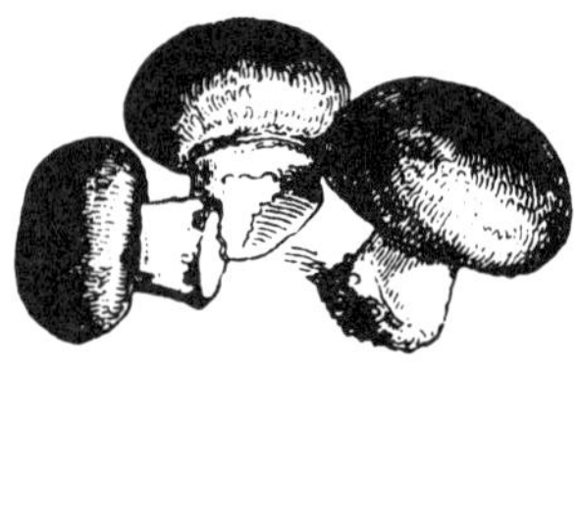

HAUPTGERICHT

Saarbrücker Edelschales

Zutaten:
300 Gramm Schwarzwälder Schinken (in Scheiben geschnitten)
4 Eßlöffel gutes Öl
1500 Gramm geriebene, rohe Kartoffeln (in einem Sieb abtropfen lassen)
etwas Stärke
1 großer Stiel Lauch (sehr fein geschnitten)
1 eingeweichtes, gut ausgedrücktes Brötchen
2 rohe Eier
Salz
Muskat
1 kräftiger Schuß Maggi

1.
In einer großen Pfanne das Öl leicht erwärmen.
2.
Den Schinken dazugeben und anbraten lassen.
3.
Die anderen Zutaten zu einer Masse verrühren und auf den Schinken „türmen".
4.
Ca. 3/4 Stunde bei schwacher bis mittlerer Hitze zugedeckt bruzzeln lassen. Dann wenden. Die andere Seite nun zugedeckt bruzzeln, damit der Edelschales durchgart.

Tip: Dazu eine Schüssel Endivie mit 7 Zehen Knoblauch (wie dies in Saarbrücken guter alter Brauch ist).

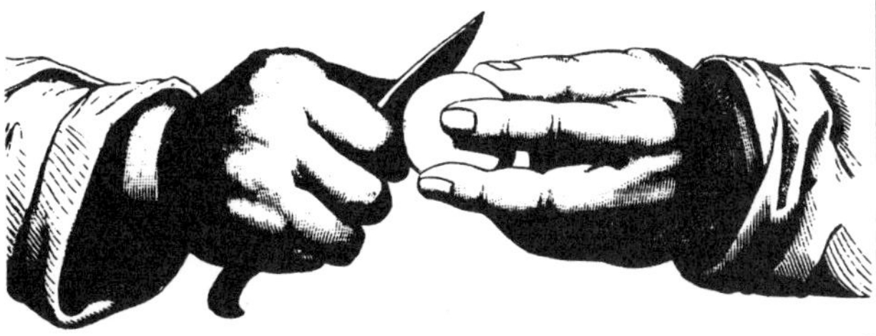

NACHSPEISE

Kirmespudding

Zutaten:
Vanille-Pudding (normal gekocht)
1/8 bis 1/4 Liter süße Sahne
1 Liter Holundersaft
250 Gramm Zucker
1 Glas Cognac oder weißer Schnaps

1.
Vanillepudding mit Sahne verdünnen und damit Sektgläser zur Hälfte füllen.
2.
Holundersaft mit dem Zucker kurz aufkochen und zusammen mit dem Cognac oder dem weißen Schnaps zu dem Pudding geben.
3.
Im Kühlschrank aufbewahren (bleibt dann ohne Haut)

Die Saarbrücker Pfeffernüsse

... wie sie der Bäcker, „die Retsch", ein früherer Nachbar aus der Ober- oder Schloßgasse, alljährlich nach Berlin an den alten König Wilhelm senden mußte, der sie, wohl als Prinz noch, mit großem Beifall einmal gekostet hatte.

Karl Lohmeyer

MENU

Rhabarbersuppe

*

Karpfen in Bier

*

Himbeer-Creme

preisgekrönt
(Hobbyköche)

S. Theiss und H. Rothhaar
Hohenburgstraße 10
6650 Homburg 8

VORSPEISE

Rhabarbersuppe

Zutaten:
350 bis 400 Gramm Rharbarber
5 bis 6 Scheiben Toastbrot
70 Gramm Butter
3/4 Liter nicht zu dünne Hühnerbrühe
50 Gramm Zwiebelwürfel
Salz
Pfeffer
1/2 Teelöffel Zucker
1/8 Liter Sahne

1.
Rhabarber schälen und in kleine Stücke schneiden.
2.
Drei Scheiben Toast würfeln und in 35 Gramm Butter hellgelb rösten.
3.
Mit Brühe auffüllen.
4.
Rhabarber und Zwiebelwürfel hinzugeben.
5.
Etwa 20 bis 30 Minuten kochen.
6.
Danach pürieren, durch ein Sieb streichen und abschmecken.
7.
Sahne mit etwas Salz steif schlagen und 4 Eßlöffel unter die Suppe ziehen.
8.
Die restlichen Toastscheiben würfeln und in 35 Gramm Butter gelb-braun rösten.
9.
Diese mit der restlichen Sahne auf der Suppe anrichten.

HAUPTGERICHT

Karpfen in Bier

Zutaten:
1 bis 1 1/2 kg ausgenommener Karpfen (ohne Kopf und Flossen)
Salz
weißer Pfeffer
1 Eßlöffel Butter
50 bis 80 Gramm kleingehackte Zwiebel
1/2 Tasse gehackte Petersilie
1 Tasse feingeschnittener Lauch
1/2 Liter dunkles Bier
2 Lorbeerblätter
1 Nelke
1 Eßlöffel Zucker
3 Eßlöffel Zitronensaft
1 gestrichener Teelöffel Lebkuchengewürz
4 Zwiebacke

1.
Karpfen waschen und abtupfen, in vier Stücke schneiden, mit Pfeffer und Salz pikant würzen.
2.
Zwiebelwürfel in Butter hellgelb werden lassen. Lauch und Petersilie dazugeben. Noch etwa drei Minuten dünsten lassen.
3.
Dann die Karpfenteile dazugeben und weitere fünf Minuten dünsten lassen.
4.
Lorbeerblätter, Nelke, Lebkuchengewürz, Zwieback und Bier dazu, zugedeckt etwa 20 Minuten bei schwacher Hitze langsam garen.
5.
In einem trockenen Topf den Zucker zu Karamel schmelzen, mit dem Zitronensaft ablöschen und zur Soße geben.

Tip: Dazu Schneebällchen mit „Kracher“ und Salat.

Getränk: Einen trockenen Weißwein oder Rosé.

NACHSPEISE

Himbeer-Creme

Zutaten:
750 Gramm vollreife Himbeeren
70 Gramm Zucker
6 Eier
1 Teelöffel Himbeergeist
1/8 bis 1/4 Liter lieblicher Weißwein

1.
Himbeeren waschen, gut abtropfen lassen und durch ein feines Sieb passieren.
2.
Wein erhitzen. Zucker, Himbeermus und Himbeergeist dazugeben. Aufkochen lassen.
3.
Vom Herd nehmen und 6 Eier dazurühren.
4.
Den Topf in einem zweiten Topf mit kochendem Wasser stellen und so lange mit dem Schneebesen oder Handmixer die Creme schlagen bis sie dicklich wird.
5.
Den Topf dann in Eiswasser stellen und die Creme nach einer Viertelstunde erneut durchschlagen.
6.
Dann die Himbeer-Creme in eine Schüssel füllen und im Kühlschrank kalt stellen.

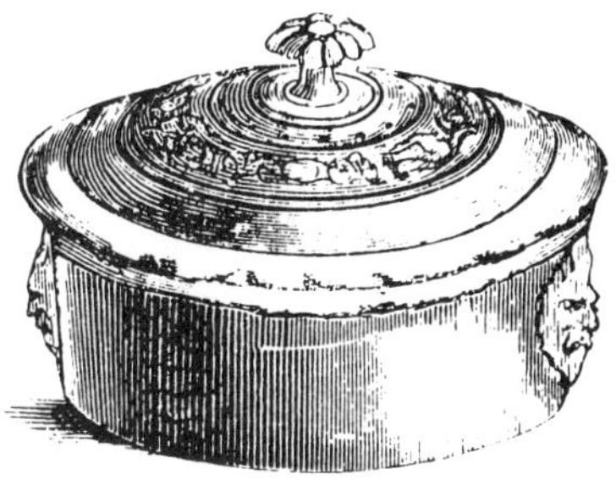

MENU

Laugenbrezel-
rahmsuppe

*

Gebackene
Kalbsfüße mit
Gemüse-Allerlei

*

Rosenrot-
Creme

preisgekrönt
(Hobbyköche)

Adelheid Schmidt
Brückenstraße 34
6682 Ottweiler-Fürth

VORSPEISE

Laugenbrezel-rahmsuppe

Zutaten:
7/8 Liter Wasser
2 Gemüsebrühwürfel
1 bis 2 Laugenbrezeln (vom Vortag)
1/8 Liter Sahne (evtl. saure Sahne)
Pfeffer (eine Umdrehung aus der Mühle)
Muskat (frisch gerieben)
Petersilie oder Schnittlauch
(klein geschnitten)

1.
Wasser mit Gemüsebrühwürfeln zum Kochen bringen.
2.
Laugenbrezeln in dünne Scheiben schneiden.
3.
Diese mit der Sahne in der Suppenschüssel vermischen.
4.
Mit Pfeffer und Muskat würzen.
5.
Die heiße Brühe dazugießen. Petersilie oder Schnittlauch darüber.

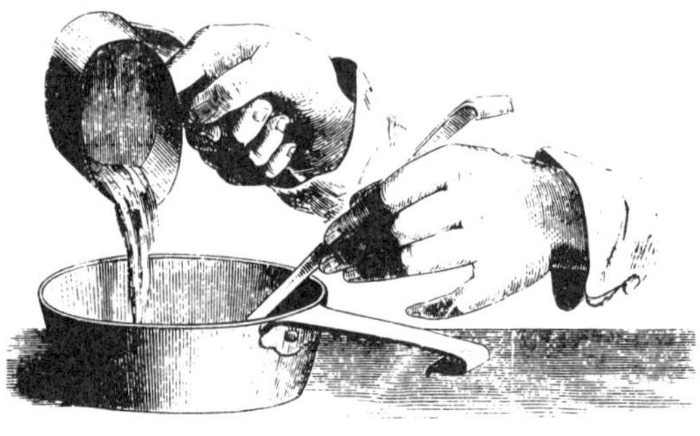

HAUPTGERICHT

Gebackene Kalbsfüße

Zutaten:
1/4 Liter Milch
1/4 Liter Wasser
65 Gramm Butter
250 Gramm Mehl
1 1/2 bis 2 Kalbsfüße
Salzwasser
6 oder 7 Eier
„schwimmendes Fett“

1.
Milch, Wasser und Butter in einem Topf erwärmen.
2.
Rasch das Mehl dazuschütten und so lange rühren, bis der Teig sich vom Topf löst.
3.
Danach erkalten lassen.
4.
Die Kalbsfüße im Salzwasser weich kochen und in kleine Stücke schneiden.
5.
Unter den erkalteten Teig die Eier rühren.
6.
Die Fleischstücke dazugeben und umrühren.
7.
Mit einem Löffel kleine Küchlein ausstechen und sie schwimmend im Fett schön goldgelb ausbacken.

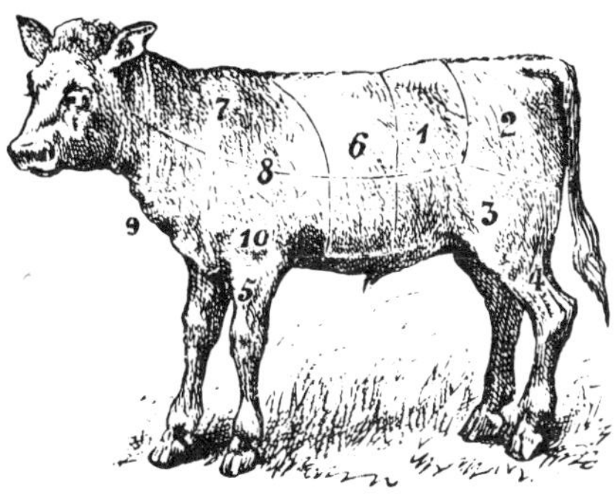

Gemüse-Allerlei

Zutaten:
1 kg Gemüse
(je nach Jahreszeit; z. B. Zucchini, Gelbrüben, Lauch, Kohlrabi, Kohl, Weißkraut, Sellerie; in jedem Fall aber Tomaten)
1 Zwiebel
2 Eßlöffel Butter und Öl
Pfeffer
Salz
Muskat
1 Blatt Salbei (zerrieben)
1 Tasse Gemüsebrühe (Würfel)

1.
Gemüse waschen und abtropfen lassen, je nach Art raffeln oder schneiden.
2.
In einem offenen Dampftopf die feingehackte Zwiebel in Butter oder Öl zusammen mit Tomatenstückchen dämpfen.
3.
Die andern Gemüsesorten, die Gewürze und die Gemüsebrühe hinzufügen.
4.
Den geschlossenen Topf ca. fünf Minuten unter Druck setzen.

NACHSPEISE

Rosenrot-Creme

Zutaten:
6 Eigelb
4 Eiweiß
1/4 Liter Himbeersirup

1.
Die Eigelb mit dem Sirup in einem heißen Topf auf dem Feuer schlagen.
2.
Kurz vorm Kochen den Topf beiseite stellen.
3.
Eiweiß zu Schnee schlagen.
4.
Unter leichtem, ständigen Schlagen das Eiweiß daruntermischen.
5.
Kühl servieren.

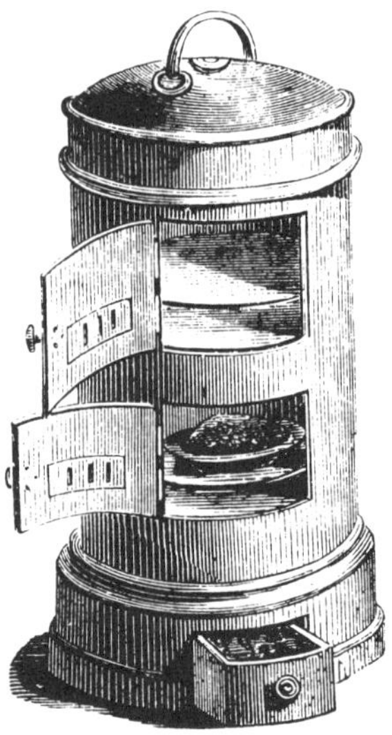

Ursula Schulz

MENU

Lauchtorte

*

Bohnen-
Tomaten-Topf

*

Rhabarbercreme

preisgekrönt
(Hobbyköche)

Ursula Schulz
Mörikestraße 14
6654 Kirkel

VORSPEISE

Lauchtorte

Zutaten:
MÜRBETEIG:
450 Gramm Mehl
1 Ei
1 Eigelb
3 bis 4 Eßlöffel Wasser
1 Prise Salz
200 Gramm Margarine
BELAG:
4 bis 6 Stangen Lauch
1/8 Liter Fleischbrühe
2 Eßlöffel Butter
Salz
Pfeffer
150 bis 200 Gramm gekochter Schinken
150 Gramm geriebener Käse
3 Eier

1.
Lauch putzen, waschen, in fingerdicke Ringe schneiden und zehn Minuten in der Brühe dünsten.
2.
Brühe abgießen, Lauch gut abtropfen lassen, in zerlassener Butter schmelzen und mit Salz und Pfeffer abschmecken.
3.
Eine Springform dünn einfetten und mit dem Mürbeteig auslegen. Rand leicht hochdrücken.
4.
Lauch und gewürfelten Schinken darauf verteilen und mit dem Käse bestreuen.
5.
Eier verquirlen und darübergießen.
6.
35 bis 40 Minuten bei 200 bis 220 Grad backen.

HAUPTGERICHT

Bohnen-Tomaten-Topf

Zutaten:
500 Gramm Rindfleisch (Hochrippe)
6 Eßlöffel Öl
200 Gramm Zwiebeln
750 Gramm Brechbohnen
Salz
1 Knoblauchzehe
Paprikapulver
1 Zweig Bohnenkraut
375 Gramm Tomaten
Petersilie

1.
Fleisch in große Würfel schneiden und in heißem Öl kurz anbraten.
2.
Zwiebel in Ringe schneiden, dazugeben und im geschlossenen Topf im eigenen Saft schmoren lassen.
3.
Eine halbe Stunde vor Ende der Garzeit die abgezogenen Bohnen brechen und dazugeben.
4.
Mit der zerdrückten Knoblauchzehe, Salz und Paprika würzen und das Bohnenkraut auflegen. Weiter schmoren lassen.
5.
Kurz vor Ende der Garzeit die abgezogenen, geviertelten Tomaten dazugeben und noch fünf Minuten mitgaren lassen.
6.
Nochmals abschmecken und mit gehackter Petersilie bestreuen.

Tip: Dazu gibt es Bandnudeln oder Salzkartoffeln.

NACHSPEISE

Rharbarbercreme

Zutaten:
600 Gramm Rhabarber
abgeriebene Schale einer (selbstverständlich ungespritzten) Zitrone
1 Päckchen Vanillezucker
125 Gramm Zucker
1/4 Liter Apfelsaft
1 Päckchen helle Gelatine
1/4 Liter süße Sahne

1.
Zitronenschale, Vanillezucker, Zucker und Apfelsaft in einen Topf geben und aufkochen.
2.
Rhabarber darin drei Minuten dünsten.
3.
Gelatine einweichen, nach zehn Minuten erhitzen und unter den heißen Rhabarber geben.
4.
Kalt stellen.
5.
Vor dem Stocken steifgeschlagene Sahne unter den Rhabarber heben.

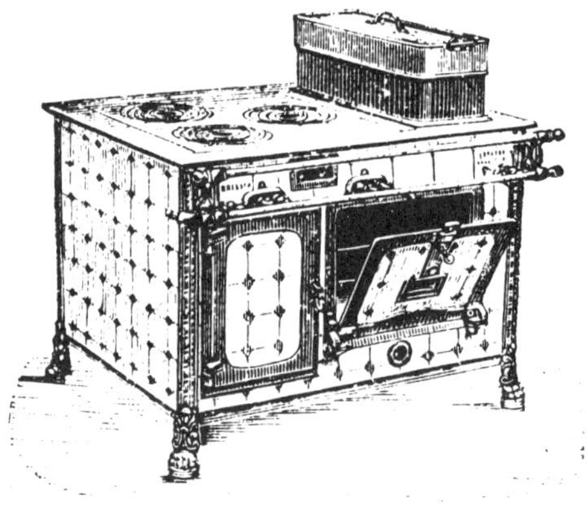

MENU

Hasen-Innereien
auf
Weißbrotscheiben

*

Gefüllter Hüttenhas
mit
Schneebällchen
und
grünem Salat

*

Himbeerspeise

preisgekrönt
(Hobbyköche)

Christel Ludwig
Auf Backofen 14
6691 St. Wendel-Bliesen

VORSPEISE

Hasen-Innereien auf Weißbrotscheiben

Zutaten:

Leber, Herz und Nierchen von einem Stallhasen
1 große Zwiebel
1 Knoblauchzehe
Butter
Weißbrotscheiben
Kräuterbutter
Salz
schwarzer Pfeffer
Petersilie
grüne Salatblätter

1.
Die Innereien mit der kleingehackten Zwiebel und der feingewürfelten Knoblauchzehe in Butter kurz anbraten.
2.
Die gerösteten oder getoasteten Weißbrotscheiben mit Kräuterbutter bestreichen.
3.
Die Innereien auf die Weißbrotscheiben verteilen, würzen und mit Petersilie bestreuen.
4.
Auf Salatblättern warm servieren.

HAUPTGERICHT

Gefüllter Hüttenhas

Zutaten:
1 bis 2 gut abgehangene Stallhasen
FÜR DIE FÜLLUNG:
500 Gramm gemischtes Hackfleisch
100 Gramm Dörrfleisch
1 große, grobe Bratwurst
1 ausgedrücktes Brötchen
1 Ei
Majoran
Pfeffer
Salz
1 Knoblauchzehe
1 Zwiebel
1 kleine Stange Lauch
1 Teelöffel scharfer Senf
FÜR DIE SOSSE:
Soßenbinder oder ein altes Brötchen
Gewürze nach Belieben

1.
Den Hasen gut abtrocknen.
2.
Die Zutaten für die Füllung bearbeiten, vermischen und damit den Hasen füllen.
3.
Den Hasen „zunähen" und mit Salz und Pfeffer würzen.
4.
1 bis 1 1/2 Stunde braten.
5.
Nach 3/4 Stunde die Soße bereiten.
6.
Vor dem Servieren nachwürzen.

Schneebällchen

Zutaten:
1 1/2 Kilo Kartoffeln
3 Eigelb
Salz
Pfeffer
Petersilie
Mehl
Salzwasser
1 „Schuß" Öl

1.
Die Kartoffeln am Vorabend mit der Schale kochen, pellen, durchdrehen und bis zum nächsten Tag kalt stellen.
2.
Am nächsten Tag den Teig mit den 3 Eigelb, Salz, Pfeffer und der Petersilie durchkneten.
3.
Je nach Festigkeit der Kartoffeln soviel Mehl beimengen, bis der Teig nicht mehr an den Händen klebt.
4.
Aus dem Teig kleine Bällchen formen und in dem Salzwasser so lange kochen lassen, bis sie von selbst nach oben kommen.

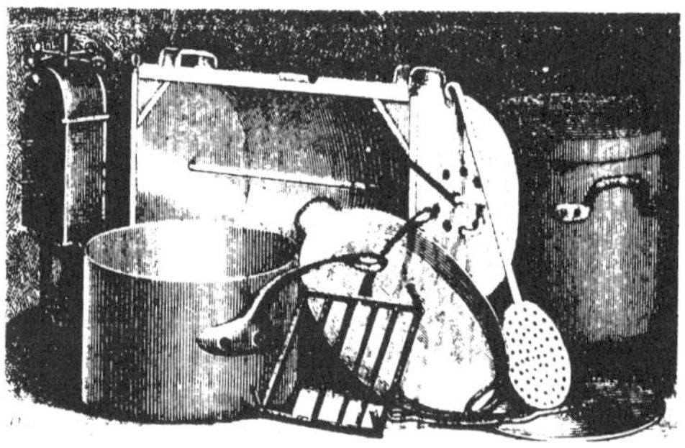

Grüner Salat

Zutaten:
Die Herzen vom grünem Salat
FÜR DIE SALATSOSSE:
1 Knoblauchzehe
1 Zwiebel
etwas Tomatenpüree
1 Teelöffel scharfer Senf
Salz
Pfeffer
ein paar „Spritzer" Maggi
Salatkräuter (wenn möglich: frische aus dem Garten)
kleine Prise Zucker
1 bis 2 Eßlöffel Essig und Öl
2 Eßlöffel Sahne

1.
Die Zutaten für die Soße so lange rühren, bis sie cremig wird.
2.
Die gewaschenen und gut abgetropften Salatherzen hinzufügen.
3.
Mischen.

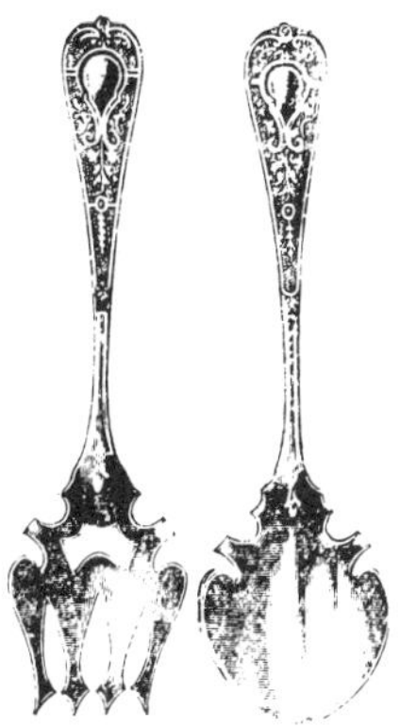

NACHSPEISE

Himbeerspeise

Zutaten:
500 Gramm Himbeeren
250 Gramm Zucker
1 Päckchen Vanillezucker
1 Becher Sahne (200 g)
2 bis 3 Eßlöffel Mondamin
1/2 Tafel Schokolade
1/2 Liter Wasser
1 bis 2 Gläser Himbeergeist

1.
Himbeeren mit dem Wasser abkochen.
2.
Die Masse durch ein Haarsieb drücken.
3.
Das Mus mit dem Zucker und dem Vanillezucker nochmal aufkochen, mit dem Mondamin binden und vom Herd holen.
4.
Die Sahne unter die Creme heben und mit dem Himbeergeist „löschen".
5.
Die Creme in kalt ausgespülte Gläser füllen und mit der geraspelten Schokolade bestreuen.

MENU

Raaschbacher Bohnensuppe

*

Fechingerstraße-Pastete

*

Männertraum

preisgekrönt
(Hobbyköche)

Gertrud Schwöbel
Fechinger Straße 17
6601 Bliesransbach

VORSPEISE

Raaschbacher Bohnensuppe

Zutaten:

250 Gramm weiße Bohnen
2 Möhren
1/4 Liter Tomatensaft
2 Sellerieblätter
2 Suppennelken
3 Würfel Fleischbrühe
Salz, Pfeffer
2 Zwiebeln
3 Kartoffeln
2 Zweige Bohnenkraut
1 Lorbeerblatt
1 Teelöffel Currypulver
2 Liter Wasser
Weinessig, Rahm

1.
Zwiebeln, Möhren und Kartoffeln in Würfel schneiden und mit den Bohnen und den anderen Zutaten in den Schnellkochtopf geben.

2.
Darin ca. 10 Minuten auf der 2. Kochstufe kochen, so daß die Bohnen noch Biß haben.

3.
Die Suppe dann abschmecken und mit Weinessig und Rahm auf den Tisch stellen. Man kann je nach Geschmack 1 Teelöffel Weinessig oder 1 Teelöffel Rahm direkt in den Teller geben.

HAUPTGERICHT

Fechingerstraße-Pastete

Zutaten:

3 Pfund feine Bratwurst
200 Gramm Dürrfleisch
200 Gramm Hallimasch
oder 200 Gramm Champignons
2 Bund Schnittlauch
oder 2 Bund Petersilie
3 Eier
Muskat, Curry, Paprikapulver und Pfeffer
1 Knoblauchzehe

1.
Dürrfleisch und die geputzten Pilze in Würfel schneiden und zu der aus dem Darm gedrückten Bratwurstmasse geben.

2.
Schnittlauch oder Petersilie sowie Knoblauch zerkleinern und mit den Eiern und den Gewürzen gut unter die Masse mischen, abschmecken.

3.
In eine gefettete Auflaufform füllen und bei 200°C eine Stunde im Ofen backen. Mit Petersilie bestreut in der Form servieren.

4.
Dazu gibt es Kartoffelpüree und frischen Pflücksalat aus dem Garten, oder, wenn nicht vorhanden, eine große Schüssel Kopfsalat.

NACHSPEISE

Männertraum

Zutaten:

500 Gramm Rhabarber
1/2 Liter Wasser
1 Vanillezucker
200 Gramm Zucker
1 Puddingpulver Vanille
1/4 Liter Schlagsahne

1.
Rhabarber waschen, in Stücke schneiden und mit Zucker in etwa 1/2 Liter Wasser vorsichtig kochen, damit die Stückchen nicht ganz zerfallen.

2.
Dann auf einem Sieb abtropfen lassen.

3.
Den Saft auf 1/2 Liter auffüllen und mit Vanillezucker und dem angerührten Puddingpulver aufkochen.

4.
Die Rhabarberstückchen vorsichtig unterheben und erkalten lassen.

5.
Die Schlagsahne steif schlagen und unter den kalten Rhabarbertraum heben.

6.
In Portionsschälchen füllen und mit Sahnetupfer garnieren.

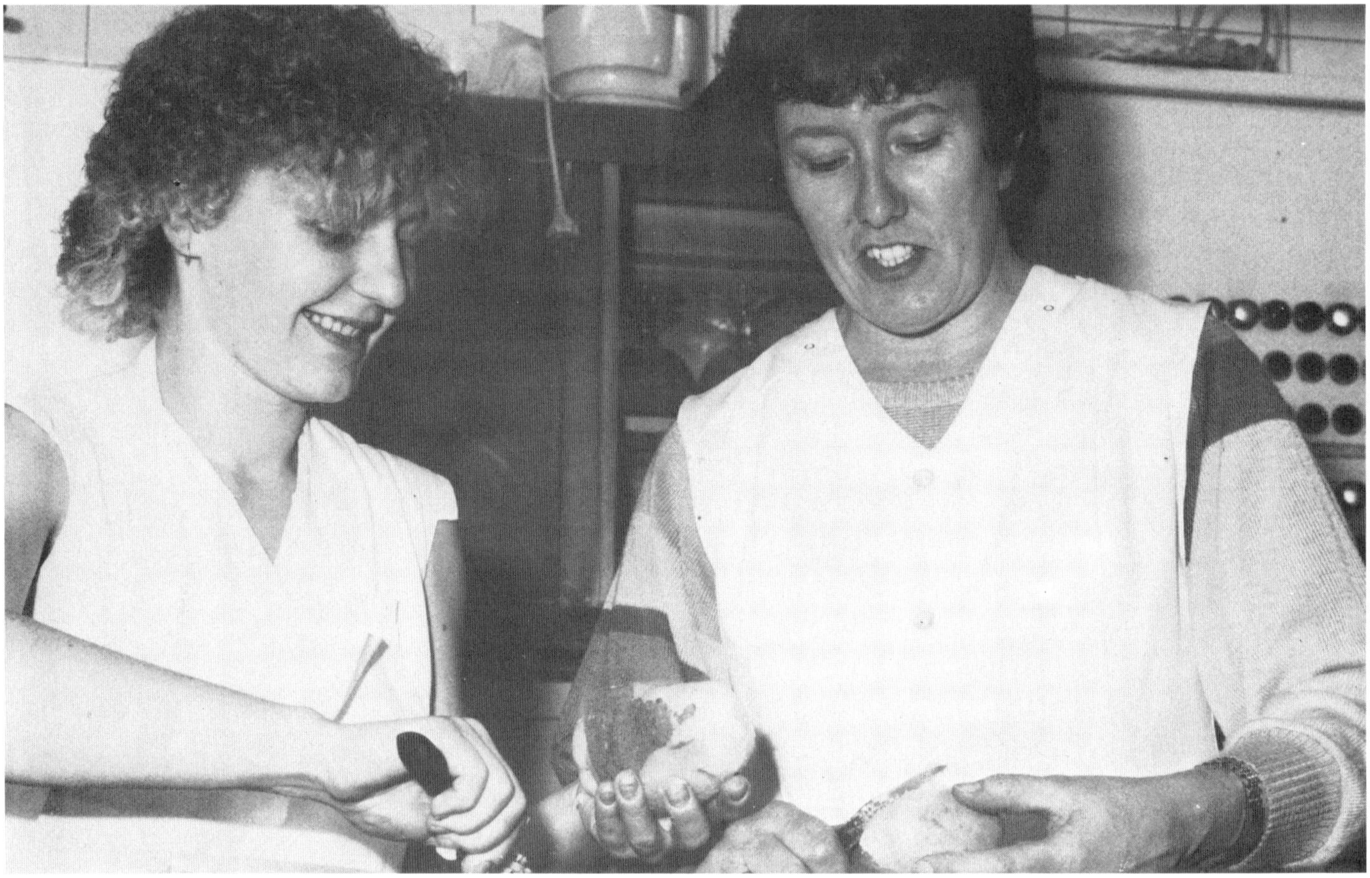

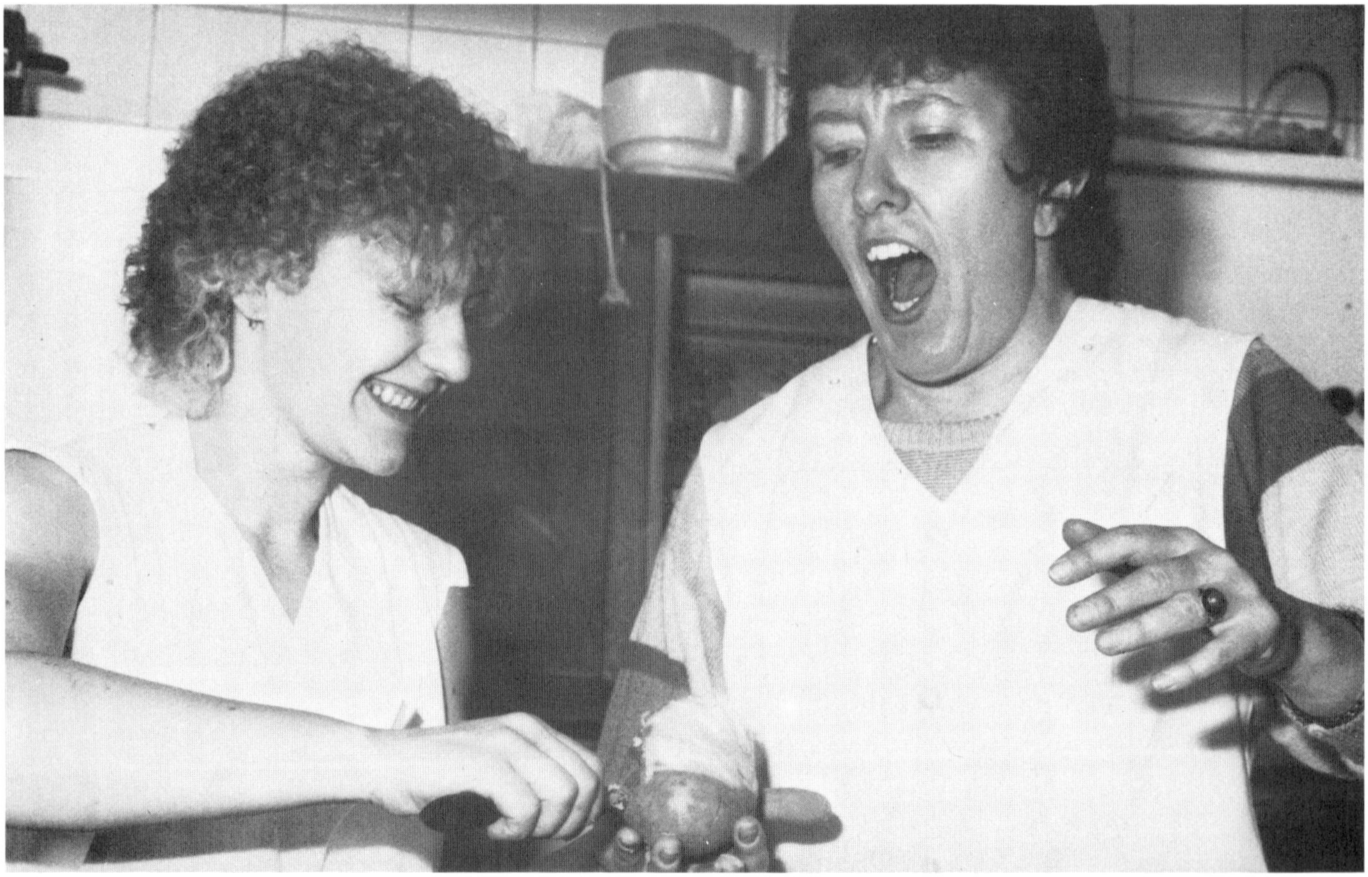

Heiße Kartoffeln, fast fallengelassen, von der Hobbyköchin Gertrud Schwöbel

Preisgekrönte Menus der Berufsköche

MENU

Ofenfrischer Forellentopf aus Niedersalbacher Teichen

*

Gefülltes Rehnüßchen mit Hollerbeerscher, Hallimasch und gebratenen Hundspfoten

*

„Oma Dittgens Zwetschen-Dibbe“

1. Preis
(Berufsköche)

Horst Finsterbusch
Berliner Straße 39
6689 Merchweiler

VORSPEISE

Ofenfrischer Forellentopf aus Niedersalbacher Teichen

Zutaten:
2 frische Forellen, enthäutet
80 Gramm Crème fraîche
1 Eiweiß
100 Gramm grüne Trauben
80 Gramm Sahne
Saarwein
2 Kartoffeln
Kerbel
Dill
Petersilie
60 Gramm Mehl
30 Gramm Butter
Wasser
Gewürze
Eigelb-Sahne

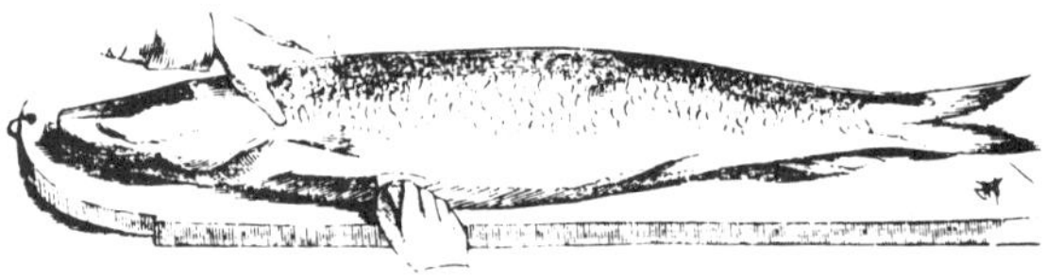

1.
Die Forellen filieren. Zwei Filets in Stücke schneiden. Den Rest für eine Farce aus Eiweiß, Crème fraîche und frischen Kräutern verwenden.

2.
Mit der Karkasse der Forellen und dem herben Saarwein einen Fischsud kochen.

3.
Von diesem einen halben Liter weiße, leicht gebundene Sauce ziehen.

4.
Die Trauben abziehen, halbieren und entkernen.

5.
Aus den Kartoffeln kleine, runde Kugeln formen und kernig abkochen.

6.
Feuerfeste Portionsförmchen buttern. Die gewürzten Forellenstückchen einlegen, etwas heiße Soße überziehen.

7.
Es folgen Kartoffelkugeln und Traubenfilets. Wieder Soße darüber geben. Mit einem Kaffeelöffel die grünen Klößchen aus der Farce formen. Darauf legen. Die restliche Soße dazu.
8.
Mit einem Teig aus dem Mehl, der Butter und Wasser kleine, gewürzte Teigdeckel formen. Die Ränder schließen, mit Eigelb-Sahne bestreichen und eine kleine Öffnung lassen.
9.
Etwa 10 Minuten bei 200 Grad backen.

HAUPTGERICHT

Gefülltes Rehnüßchen mit Hollerbeerscher, Hallimasch und gebratenen Hundspfoten

Zutaten:
Rehrücken
500 Gramm schieres Fleisch
1 Rehleber
3 Tomaten
60 Gramm gekochter Schinken
100 Gramm roher Schinken
1 Zwiebel
Thymian
200 Gramm Holunderbeeren
etwas Zucker
60 Gramm Dörrfleisch
2 Äpfel
600 Gramm Kartoffeln
2 Eier
80 Gramm Mehl
200 Gramm Hallimasch

1.
Rehrücken ausbeinen, die Filets portionieren und je eine Tasche schneiden.
2.
Von gebratener Rehleber, Tomatenfilets, Schinken, Zwiebeln und Thymian ein grob gehacktes Gemisch zubereiten, in die Tasche füllen, mit der rohen Schinkenscheibe umwickeln und leicht binden.
3.
Von den Knochen eine leichtgebundene Soße ziehen.
4.
Die Hälfte der Holunderbeeren mit wenig Zucker kochen und zu Mus pürieren. Die restlichen Beeren dazugeben und aufkochen.
5.
Die geputzten Pilze kurz mit Salzwasser abwellen, mit Zwiebeln, etwas klein geschnittenem Dörrfleisch ansetzen, mit der Soße und etwas reduziertem Bratensaft vollenden.
6.
Die Hundspfoten werden mit dem Kaffeelöffel aus der Rappmasse geformt und in heißer Butter gebraten.
7.
Beim Servieren setzt man mit Hollerbeerscher gefüllte Apfelringe um die rosa gebratenen Rehnüßchen auf Hallimasch.

NACHSPEISE

„Oma Dittgens Zwetschen-Dibbe“

Zutaten:

0,5 Kilogramm Zwetschen
5 Blatt Gelatine
20 Gramm Zucker
20 Gramm Butter
60 Gramm Laxem
etwas Zitrone
Zwetschenwasser
Ingwer
Zimt
0,05 Liter Rotwein
80 Gramm Crème fraîche
40 Gramm Sahne
Pfefferminzspitze
Bisquittaler

1.
Zwetschen schälen und entkernen.
2.
Die halbe Menge in Butter und 60 Gramm Zucker erhitzen, pürieren, mit Zitronensaft, Zwetschenwasser und Gewürzen abschmecken.
3.
3 Blatt Gelatine eingeweicht unterheben. Ebenso die anderen in Viertel geschnittenen Früchte.
4.
Alles in eine Rehrückenform geben und erkalten lassen.
5.
Von der abgezogenen Haut der Früchte, caramelisiertem Zucker, reduziertem Rotwein und etwas Wasser einen Fond bereiten, abschmecken, mit 2 Blatt Gelatine binden und auf das gestockte Dessert geben.
6.
Créme fraîche, Sahne, Laxem, Zitronensaft, etwas Zucker und Zwetschenwasser im Mixer mischen, bis eine dickflüssige Creme entsteht.
7.
Beim Anrichten 2 dünne Scheiben der Terrine leicht gekreuzt legen, ein Eßlöffel der Creme davor dressieren, mit Pfefferminzspitze, 2 halben Zwetschenfächern und Bisquittalern garnieren.

Gelehrige Adepten

Die großen französischen Lehrmeister der Eßkultur von Escoffier zu Bocuse, von Fernand Point und den Brüdern Troisgros zu Haeberlin haben an der Saar gelehrige Adepten gefunden.

Albert Peter Bitz

MENU

Lisdorfer Gemüsetorte

*

Gefüllte Bisttalente

*

Merziger Charlotte

preisgekrönt
(Berufsköche)

Hubertushof Wadgassen
Manfred Schmitt
Lindenstraße 86
6633 Wadgassen

VORSPEISE

Lisdorfer Gemüsetorte

Zutaten:

80 Gramm Mehl
30 bis 40 Gramm Wasser
30 Gramm Fett
70 Gramm Karotten
50 Gramm Sellerie
35 Gramm Wirsing
1 kleine Stange Lauch
50 Gramm Dörrfleisch
Zwiebel
200 Gramm Sahne
2 Eier
etwas Muskatnuß
Salz
Pfeffer

1.
Mehl, Wasser, Fett zusammen mit einer Prise Salz zu einem geschmeidigen Teig verarbeiten, etwas ruhen lassen, ausrollen und in eine Käsekuchenform auslegen.
2.
Karotten und Sellerie in kleine Würfel schneiden, ein wenig ankochen, den Wirsing und Lauch in Streifen schneiden, etwas später dazugeben und mitblanchieren.
3.
In ein Sieb geben und erkalten lassen.
4.
Dörrfleisch und Zwiebel ebenfalls in Würfel schneiden.
5.
In einer Pfanne zuerst Dörrfleisch angehen lassen, die Zwiebelwürfel dazugeben, 3 bis 4 Minuten dünsten und dann erkalten lassen.
6.
Nach dem Erkalten zuerst in die ausgelegte Form geben, später das abgebrühte Gemüse darauf bunt zerstreuen.

7.
Die Eier mit der Sahne und den Gewürzen verquirlen, danach gleichmäßig in der Form verteilen.
8.
Etwa 40 bis 50 Minuten bei 150 Grad backen, aus der Form nehmen und ofenfrisch servieren.

HAUPTGERICHT

Gefüllte Bisttalente

Zutaten:
1 Ente
60 Gramm Geflügelleber
180 Gramm Schweinefleisch
kleines, eingeweichtes Brötchen
Zwiebel
Petersilie
1 Ei
100 Gramm Bratwurstbrät
0,03 Liter Weißwein
1 Schuß Cognac
Salz
Pfeffer
1 Messerspitze Piment
etwas Paniermehl
Rostgemüse (gewürfelte Karotten, Zwiebeln, Sellerie und Lauch)
etwas Mehl
Bratensaft (jus)
Lorbeerblatt
Wacholderbeeren
1 Teelöffel Preiselbeeren
frische Champignons
Dörrfleisch

1.
Auf dem Rücken der Ente die Haut einschneiden und das Rückgrat herauslösen.
2.
Das Innere der Ente mit einem Speckmantel auslegen.
3.
Herz und Leber der Ente durch Geflügelleber ergänzen, mit dem Schweinefleisch, dem eingeweichten Brötchen, der Zwiebel und der Petersilie durch den Wolf drehen.
4.
Ei und Bratwurstbrät, Wein und Cognac, Salz, Pfeffer und Piment dazugeben und mit etwas Paniermehl zu einer fertigen Masse verarbeiten.
5.
Damit die Ente füllen, zunähen und – je nach Alter – braten oder schmoren.
6.
Für die Soße das Rückgratgerippe mit Dörrfleisch und dem Rostgemüse anbraten.
7.
Mit Mehl bestäuben und mit Weißwein und Bratensaft ablöschen.
8.
Mit Lorbeerblatt, Wacholderbeeren, Salz und Pfeffer würzen.
9.
Nach längerem Kochen abziehen.
10.
Die Soße mit dem Bratensaft der Ente und einem Teelöffel Preiselbeeren verfeinern.
11.
Mit gebratenen, frischen Champignons garnieren.

Tip: als Beilage Kartoffelpürree mit Sahne und heiße Kirschen.

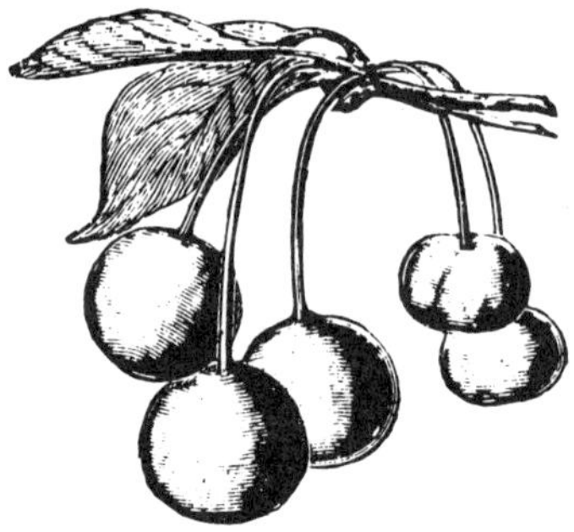

NACHSPEISE

Merziger Charlotte

Zutaten:

0,2 Liter Viez
3 Eigelb
70 Gramm Zucker
Saft einer halben Zitrone
1/6 Liter Sahne
1 Päckchen Sahnesteif
2 Blatt Gelatine
Löffelbisquits

1.
Eigelb und Zucker schaumig rühren.
2.
Viez und Zitronensaft dazugeben, warm aufschlagen bis diese Masse zur Bindung kommt, die eingeweichte Gelatine darunter, kalt schlagen.
3.
Die Sahne mit Sahnesteif und Zucker fest aufschlagen und unter die Creme ziehen.
4.
In eine mit Pergamentpapier ausgelegte Form füllen und 3 bis 4 Stunden in den Kühlschrank stellen.
5.
Stürzen.
6.
Die Charlotte mit Sahne einweichen.
7.
Mit Löffelbisquits, geschlagener Sahne und Früchten garnieren.

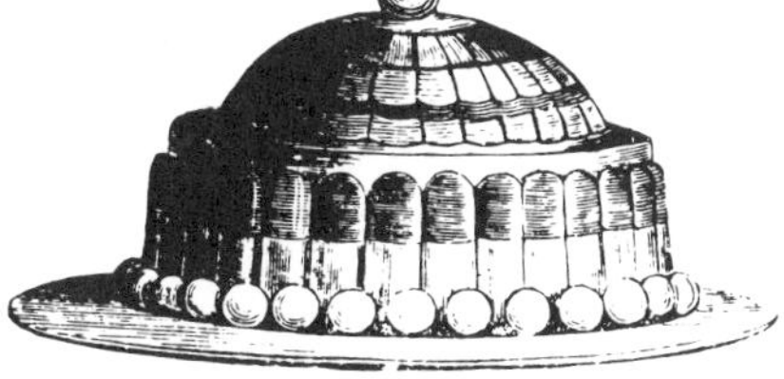

Manfred Schmitt

MENU

Schnittlauch-
süppchen mit
Boudin-Klößchen

*

Saarpfanne mit
Salat Lisdorf

*

Droschelküchlein
mit Himbeersoße

preisgekrönt
(Berufsköche)

Luise Stinsky
Goethestraße 34
6601 Riegelsberg

VORSPEISE

Schnittlauch-süppchen mit Boudin-Klößchen

Zutaten:
15 Gramm Margarine
30 Gramm magerer Räucherspeck
1 Zwiebel
1 1/2 Eßlöffel Mehl
2/3 Liter Fleischbrühe
kleiner Bund Schnittlauch
0,1 Liter Sahne
30 Gramm Blutwurst
30 Gramm zerlassenes Rindermark
30 Gramm Paniermehl
1 Ei
Salz
Pfeffer
Muskat

1.
In einer Pfanne den kleingewürfelten Räucherspeck mit der Margarine zergehen lassen.
2.
Die kleingehackte Zwiebel dazugeben und alles goldgelb braten.
3.
Das Mehl dazugeben, etwas anrösten lassen und mit der Fleischbrühe aufgießen.
4.
Einige Minuten gut durchköcheln lassen.
5.
Die Gewürze und die Sahne dazugeben.
6.
Den Schnittlauch waschen, abtupfen und klein geschnitten in die Suppe geben.
7.
Das Rindermark auslassen und durch ein Haarsieb streichen.
8.
Boudin-Würstchen mit einer Gabel darunter mengen.

9.
Die Masse würzen, feingehackte Petersilie, ein Ei und Paniermehl hinzufügen.
10.
Einige Minuten kühl stellen.
11.
Danach kleine Kügelchen formen und in leichtem Salzwasser abkochen.
12.
Kurz vor dem Anrichten in die Suppe legen.

HAUPTGERICHT

Saarpfanne

Zutaten:
1 Schweinefilet – ca. 400 Gramm
2 Tomaten
0,2 Liter Sahne
1 Zwiebel
1 Knoblauchzehe
40 Gramm Dörrfleisch
15 Gramm geriebener Käse
Salz
Pfeffer
Paprika, edelsüß
Öl

1.
Schweinefilet in acht Scheibchen schneiden, etwas flach drücken und würzen.
2.
In einer mit Öl erhitzten Pfanne auf jeder Seite 1 1/2 Minuten braten. Auf einer Platte heiß setzen.
3.
Den Fond mit Sahne ablöschen und über die Filets geben.
4.
Tomaten enthäuten, halbieren und in eine feuerfeste, ausgebutterte Form setzen.
5.
Dörrfleisch auslassen, Zwiebel und zerdrückte Knoblauchzehe dazugeben, alles farblos auslassen und auf die Tomatenhälften kleine Häufchen setzen.

6.
Darüber etwas Käse streuen und im vorgeheizten Backofen 10 Minuten bei 200 Grad überbacken.
7.
Zusammen mit den Küchlein auf der Platte anrichten.

Küchlein

Zutaten:
1 Stange Lauch
1/6 Sellerie
1 Karotte
1 Zwiebel
1 Kartoffel
3 Eier
Salz
Pfeffer
Muskat
1 gestrichener Eßlöffel Kartoffelmehl
Öl zum Ausbacken

1.
Gemüse putzen und waschen.
2.
Lauch und Zwiebel in feine Streifen schneiden.
3.
Kartoffel, Sellerie und Karotte in der Küchenmaschine oder von Hand in feine Streifen raspeln.
4.
Alles in eine Schüssel geben, mit den Eiern, dem Kartoffelmehl und den Gewürzen vermengen.
5.
In einer Pfanne Öl erhitzen und eßlöffelgroße Küchlein ausbacken und im Backofen einige Minuten heiß stellen.

Salat Lisdorf

Zutaten:
3 Eier
1 kleiner Bund Schnittlauch
3 Tomaten
1/5 Blumenkohlkopf
1/5 Sellerieknolle
ein knapper Eßlöffel Sellerieherzblätter
1/5 Kappeskopf
60 Gramm Stangenbohnen
1 Bündel Radieschen
Salz
Pfeffer
Essig
Öl
Senf
1 Zwiebel
etwas Butter zum Rösten
4 Eßlöffel Röstwürfel

1.
Das Gemüse putzen und waschen.
2.
Blumenkohl in kleine Röschen zerlegen, Sellerie, Kappes und Stangenbohnen in kleine Stücke schneiden.
3.
Nacheinander in kochendem Salzwasser noch bißfest abkochen (Sellerie am Schluß, damit sein Aroma nicht so sehr in die anderen Gemüse dringt).
4.
Mit einem Schaumlöffel Gemüse in Eiswasser geben.
5.
Von der Gemüsebrühe etwa 1/2 Tasse aufheben und erkalten lassen.
6.
Radieschen in kleine Blättchen schneiden; Tomaten und Eier in Ecken schneiden und mit dem restlichen Gemüse in eine Schüssel geben.
7.
Die Gemüsebrühe mit Salz, Pfeffer, Essig, Öl, Zwiebel, Senf und kleingeschnittenem Schnittlauch zu einer Salatmarinade verarbeiten. Zart unterheben.
8.
Brotwürfel in Butter rösten und warm über den fertigen Salat geben.

NACHSPEISE

Droschelküchlein mit Himbeersoße

Zutaten:
3 Eier
6 Eßlöffel Mehl
1 Prise Salz
70 Gramm Zucker
0,03 Liter Himbeergeist
350 Gramm reife Stachelbeeren
150 Gramm Himbeeren
50 Gramm Puderzucker
35 Gramm Öl zum Ausbacken

1.
Das Eiweiß zu Schnee schlagen. Dann mit dem Zucker und der Hälfte des Himbeergeistes nochmal zu einer festen Masse schlagen.
2.
Eigelb und gesiebtes Mehl leicht darunterziehen.
3.
Stachelbeeren unter die lockere Masse heben.
4.
In einer Pfanne Öl erhitzen. Mit einer kleinen Suppenkelle die Küchlein goldgelb ausbacken.
5.
Himbeeren pürieren und den restlichen Himbeergeist hinzufügen.
6.
Durch ein Haarsieb streichen und mit dem Puderzucker glatt rühren.
7.
Auf einem Dessertteller jeweils zwei Küchlein anrichten und mit Himbeersoße übergießen.

Luise Stinsky

MENU

Kohlroulade
mit
Forellenmusfüllung
in
Saar-Rieslingsoße

*

Kaninchenrücken
in Viezsoße
mit
Karoffelknepfle
und warmem
Mausohrsalat

*

Zwetschen
mit
Urpilsschaum
und
Zimthalbgefrorenem

preisgekrönt
(Berufsköche)

Ernst Brugger
Zabernstraße 10
6600 Zweibrücken

VORSPEISE

Kohlroulade mit Forellenmusfüllung in Saar-Rieslingsoße

Zutaten:

4 große Kohlblätter
2 Forellen
1/4 Liter Sahne
2 Eiweiß
1 Eigelb
Salz
Pfeffer
Glutamat
1 Liter Saar-Riesling
Mehl
Bratfett
0,01 Liter Sahne

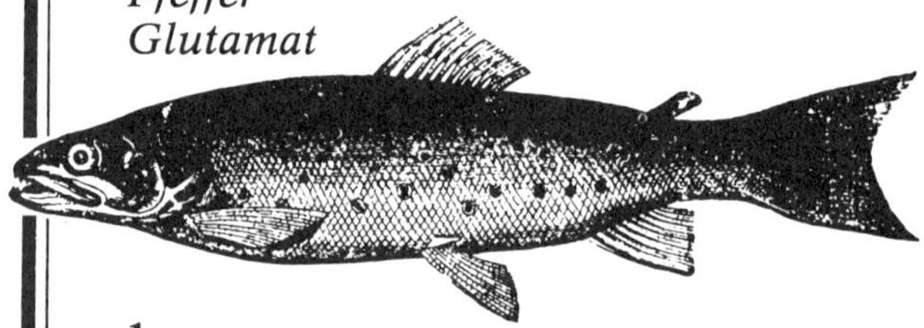

1.
Die Kohlblätter blanchieren.
2.
Aus den Forellen, der Sahne, dem Eiweiß, aus Salz, Pfeffer und Glutamat eine Farce herstellen und damit die Kohlblätter füllen.
3.
Aus den Fischkarkassen und dem Wein einen Fischfond herstellen und abpassieren.
4.
Eine Mehlschwitze machen und mit der Hälfte des Fonds ablöschen.
5.
Abschmecken und gegebenenfalls nachwürzen.
6.
Mit der Sahne und dem Eigelb legieren.
7.
Die Kohlroulade im restlichen Fond garen.
8.
Anrichten und mit der Rieslingsoße nappieren.

HAUPTGERICHT

Kaninchenrücken in Viezsoße

Zutaten:

1 Kaninchen
Eier
Sahne
Salz
Pfeffer
Suppengrün
Viez

1.
Kaninchen auslösen. Die Rückenfilets in der Mitte aufschneiden und leicht klopfen. Die Keulen und die Läufe ausbeinen.
2.
Mit den Eiern, der Sahne, mit Salz und Pfeffer eine Farce herstellen.
3.
Die Rückenfilets damit füllen und rollen.
4.
In ein Schweinenetz einschlagen.
5.
Aus den Knochen, dem Suppengrün und dem Viez eine Soße bereiten.
6.
Die Rücken von allen Seiten anbraten und mit der Soße ablöschen.
7.
Wenn die Rücken gar sind, aus der Soße nehmen und anrichten.
8.
Die Soße gesondert reichen.

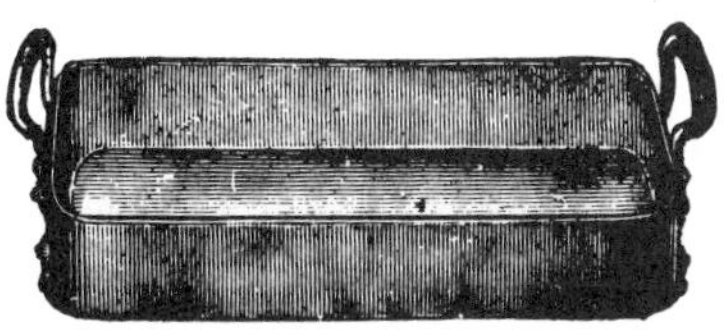

Kartoffelknepfle

Zutaten:

4 mittelgroße Kartoffeln
Salz
Pfeffer
2 Eigelb
60 Gramm Mehl
etwas gehackte Petersilie
20 Gramm gehackter Lauch
Butter
Weißbrot

1.
Die Kartoffeln in der Schale kochen, schälen und mit der Gabel zerdrücken.
2.
Mit Salz, Pfeffer, dem Eigelb, dem Mehl, der Petersilie und dem Lauch vermengen.
3.
Mit einem Eßlöffel eiförmige Nocken bilden und in kochendem Salzwasser 3 bis 5 Minuten pochieren.
4.
Mit in Butter gerösteten Croutons bestreuen.

Mausohrsalat

Zutaten:

320 Gramm Mausohrsalat
Speck
Zwiebel
gekochte Kartoffel
Salz
Pfeffer
Essig
Öl

1.
Den Salat gut putzen und waschen.
2.
Aus den übrigen Zutaten eine warme Salatsoße herstellen.
3.
Den Mausohrsalat damit anmachen.
4.
Sofort servieren.

NACHSPEISE

Zwetschen mit Urpilsschaum und Zimthalbgefrorenem

Zutaten:

400 Gramm Zwetschen
Läuterzucker
8 Eigelb
155 Gramm Zucker
0,16 Liter Ur-Pils
0,1 Liter Weißwein
Zimt
1/2 Liter geschlagene Sahne

1.
Zwetschen entsteinen, in Läuterzucker pochieren und erkalten lassen.
2.
4 Eigelb mit 80 Gramm Zucker und dem Ur-Pils im Wasserbad bis zur Bindung aufschlagen.
3.
Für das Halbgefrorene werden 4 Eigelb mit 75 Gramm Zucker und dem Weißwein im Wasserbad bis zur Bindung aufgeschlagen und wieder kalt geschlagen.
4.
Zimt nach Geschmack zugeben.
5.
Am Schluß die Sahne unterziehen.
6.
Abfüllen und gefrieren.
7.
Die Zwetschen und das Halbgefrorene auf die Teller verteilen und mit dem Ur-Pilsschaum nappieren.

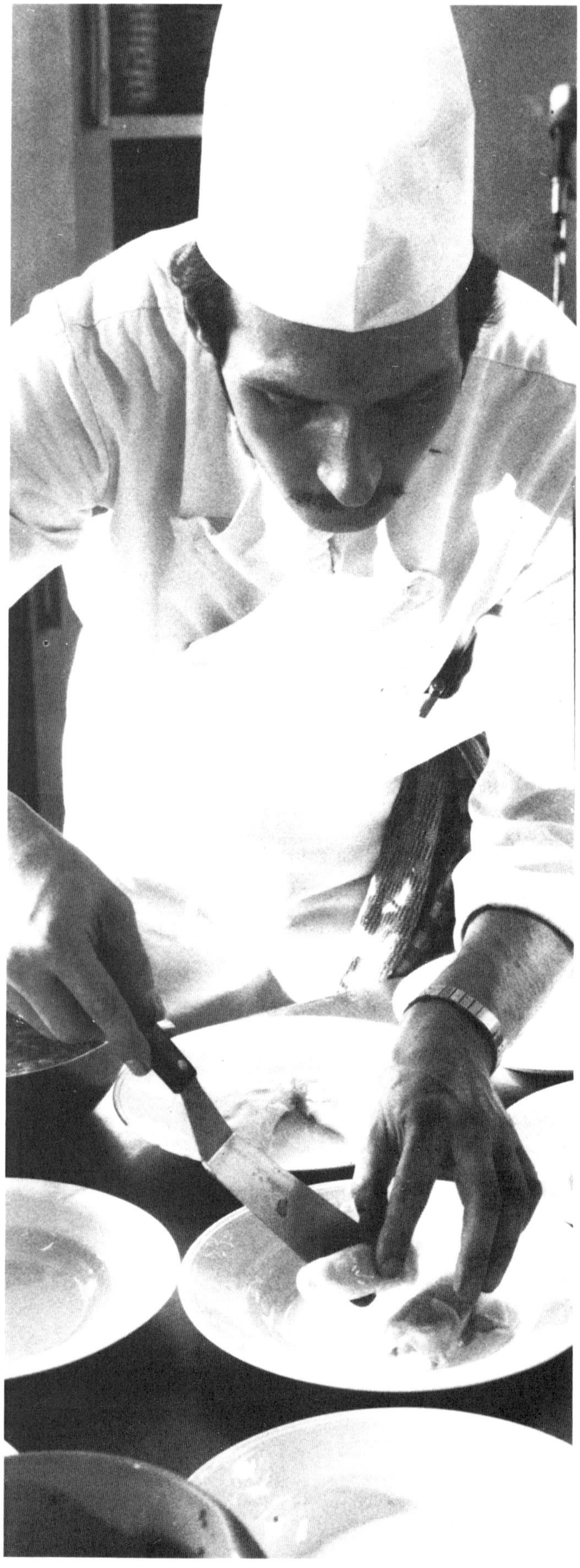

Ernst Brugger

MENU

Thailener Froschschenkel-näpfchen „nach der Großmutter"

*

Gefülltes Schweinelendchen „Viezkönigin Art" Bauernkartoffeln Saargausalat

*

Crèpes von Buchweizenmehl gefüllt mit Brombeeren

preisgekrönt
(Berufsköche)

Manfred Merll
Schankstraße 25
6640 Merzig

VORSPEISE

Thailener Froschschenkel-näpfchen „nach der Großmutter"

Zutaten:

600 Gramm kleine Froschschenkel
1/4 Liter trockner Saarwein
Salz
Zitrone
Pfeffer
100 Gramm feingehackte Zwiebeln
4 Scheiben Weißbrot
125 Gramm Butter
2 Eßlöffel Crème fraîche
gehackte Petersilie
frischer Dill
1 Zehe Knoblauch
2 mittlere Tomaten

1.
Die Froschschenkel mit Salz, Pfeffer und Zitrone marinieren und in Weißwein pochieren.
2.
Dann das Fleisch abpuhlen.
3.
Die Zwiebel- und Tomatenwürfel in Butter leicht anschwitzen.
4.
Mit etwas Weißweinfond auffüllen und etwas reduzieren lassen.
5.
Das Froschschenkelfleisch unterziehen.
6.
Crème fraîche hinzugeben und abschmecken.
7.
Die Froschschenkel in Näpfchen füllen, Weißbrotscheiben drauflegen und mit einem frischen Dillsträußchen garnieren.

HAUPTGERICHT

Gefülltes Schweinelendchen „Viezkönigin-Art“

Zutaten:
800 Gramm Schweinefilets in Medaillons
200 Gramm Hausmacher Leberwurst
2 Äpfel
1/4 Liter Sahne
1/4 Liter Viez
1 Bund Schnittlauch
Salz
Pfeffer
Würzmittel
etwas Kräuterbutter
etwas Mehl
etwas Schmalz

1.
Die Medaillons zu einer Tasche aufschneiden, Leberwurst einfüllen, mit Salz und Pfeffer würzen, mehlieren und in Schmalz zart braten.
2.
Äpfel schälen, entkernen und in kleine Würfel schneiden.
3.
Wenn das Fleisch gegart ist, aus der Pfanne nehmen und auf einer Platte anrichten.
4.
Das Fett abschütten, die Apfelstücke in der Kräuterbutter anschwitzen, mit Viez ablöschen, einkochen, Sahne hinzugeben, Schnittlauch einstreuen, abschmecken und über die Medaillons gießen.

Saargausalat

Zutaten:
1/2 Endiviensalat
4 gekochte Eier
1/2 Salatgurke
1 Bund Radieschen
Essig
Öl
Senf
Salz
Pfeffer
Sahne
Dill

1.
Ein Salatdressing bereiten.
2.
Endiviensalat in Streifen, Salatgurken und Radieschen in dünne Scheiben schneiden und gekochte Eier klein hacken.
3.
Mit dem Salatdressing vermischen.

Bauernkartoffeln

Zutaten:
400 Gramm gekochte Kartoffeln
1 mittlere Zwiebel in Würfeln
100 Gramm Dörrfleisch in Würfeln
Schmalz
gehackte Petersilie
Salz

1.
Gekochte Kartoffeln in Würfel schneiden und in Schmalz anbraten.
2.
Dörrfleisch und Zwiebeln hinzugeben.
3.
Mit Salz und Pfeffer abschmecken.
4.
Zum Schluß mit Petersilie bestreuen.

NACHSPEISE

Crèpes von Buchweizenmehl gefüllt mit Brombeeren

Zutaten:
200 Gramm Buchweizenmehl
50 bis 100 Gramm Weizenmehl
2 bis 3 Eier
Salz
Zucker
Milch
geklärte Butter
500 Gramm Brombeeren
Zucker
Himbeergeist
Puderzucker

1.
Aus dem Buchweizen- und dem Weizenmehl, den Eiern, Salz, Zucker und der Milch einen dünnen Teig rühren.
2.
In geklärter Butter dünne, knusprige Crèpes ausbacken.
3.
Die vorher mit Zucker und Himbeergeist marinierten Brombeeren in die noch warmen Crèpes einfüllen und mit Puderzucker bestreuen.

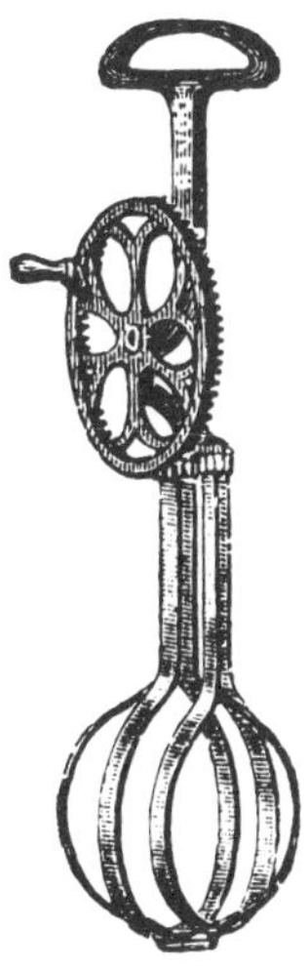

Manfred Merll

MENU

Gedünstete
Schinkenröllchen
mit Lauch gefüllt
in Schnittlauchsoße

*

Kaninchenkeule
„Merziger Art“
in Apfelsoße

*

Warmer Bierschaum
„Prinz
von Homburg“

preisgekrönt
(Berufsköche)

Karl-Heinz König
Göbenstraße 1
6638 Dillingen

VORSPEISE

Gedünstete Schinkenröllchen mit Lauch gefüllt in Schnittlauchsoße

Zutaten:
4 Scheiben gekochter Schinken
4 kleine Stangen Lauch
0,4 Liter Fleischbrühe
20 Gramm Butter
20 Gramm Mehl
1 Eigelb
0,05 Liter Sahne
ein Bund Schnittlauch

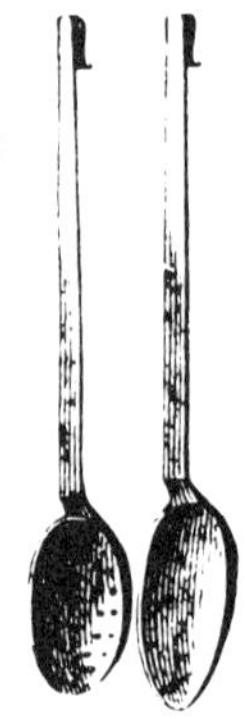

1.
Lauch putzen und waschen, in der Brühe garen und abtropfen lassen.
2.
Je eine Stange Lauch in eine Scheibe Schinken einrollen, die Röllchen halbieren und in einen ausgebutterten Topf nebeneinander setzen.
3.
Mit der Brühe vom Lauch bedecken und erhitzen.
4.
Jeweils zwei halbierte Röllchen auf einem vorgewärmten Teller anrichten.
5.
Eine Schwitze von Mehl und Butter herstellen, mit der Brühe vom Garen auffüllen und das Mehl auskochen lassen.
6.
Nach dem Abschmecken die Soße abpassieren und mit Eigelb und Sahne legieren.
7.
Den feingeschnittenen Schnittlauch zu zwei Drittel in die Soße geben und die Röllchen damit überziehen.
8.
Mit dem Rest Schnittlauch bestreuen.

HAUPTGERICHT

Kaninchenkeule „Merziger Art" in Apfelsoße

Zutaten:

4 Kaninchenkeulen à 300 bis 350 Gramm
Suppengrün (Sellerie, Karotte, Zwiebel, Lauch)
0,6 Liter herber Viez
Lorbeerblätter
Nelke
Pfefferkörner
Basilikum
Thymian
Salz
eine Prise Zucker
20 Gramm Bratfett
40 Gramm Mehl
Apfel
0,08 Liter Sahne

1.
Die Kaninchenkeulen mit dem gewürfelten Suppengrün, den Gewürzen und dem Viez 2 bis 3 Tage einlegen.
2.
Die Keulen herausnehmen und in heißem Bratfett scharf anbraten.
3.
Die Marinade durch ein Sieb gießen und das Suppengrün mit dem Fleisch anrösten lassen.
4.
Mit dem Mehl bestäuben, angehen lassen und mit der Marinade auffüllen.
5.
Langsam im Backofen fertig garen. Die Kaninchenkeulen aus der Soße nehmen und auf einer Platte anrichten.
6.
Die Soße abschmecken und abpassieren.
7.
Den Apfel schälen, in feine Streifen schneiden und zusammen mit der Sahne zur Soße geben.
8.
Ohne zu kochen heiß werden lassen und die Keulen damit überziehen.

Tip: als Beilage empfehlen sich Teigwaren, sowie grüne Salate (mit Apfelessig anmachen, mit Speck und Croutons schmelzen).

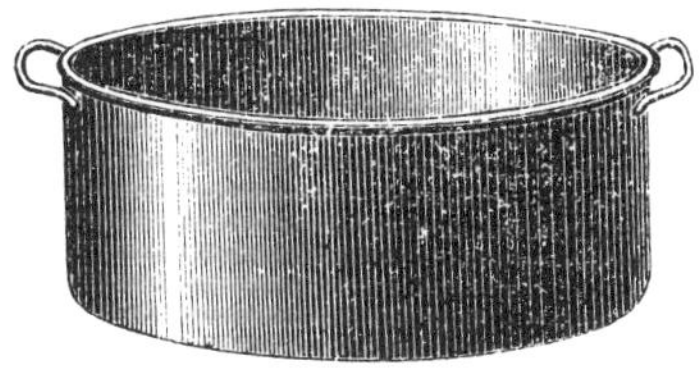

NACHSPEISE

Warmer Bierschaum „Prinz von Homburg"

Zutaten:

2 Eier
0,2 Liter Pils
30 Gramm Zucker
1/2 Zitrone
gemahlener Zimt
4 Zimtwaffeln
4 Hopfenblüten

1.
Die Eier mit dem Zucker, einer Prise Zimt, dem Saft der Zitrone und dem Pils im Schneekessel durchschlagen.
2.
Die Masse im heißen Wasserbad so lange aufschlagen bis sie steht.
3.
Sofort in vorgewärmte Gläser füllen und eine Hopfenblüte obenauf legen.
4.
Mit der Zimtwaffel als Beigabe servieren.

Karl-Heinz König

Margarethe Bacher

MENU

Scheiber Kohlröllchen

(Kohlroulade mit Pfifferlingen und Lammfleisch gefüllt)

*

Hechtschnitte aus dem Bielerweiher mit Meerrettichkruste in Biersoße

*

Bliesgauer Zwetschgen-Quarkcreme mit Birnensoße

preisgekrönt
(Berufsköche)

Hostellerie Bacher
Margarethe Bacher
Zweibrücker Straße 86
6680 Neunkirchen

VORSPEISE

Scheiber Kohlröllchen

(Kohlrouladen mit Pfifferlingen und Lammfleisch gefüllt)

Zutaten:
200 Gramm Lammfleisch
40 Gramm Dörrfleisch
50 Gramm Zwiebeln
2 kleine Zehen Knoblauch
200 Gramm Pfifferlinge
Salz
Pfeffer aus der Mühle
Muskat
Majoran
1/10 Liter Sahne
3 Eßlöffel Öl
40 Gramm Butter
8 Stück Weißkohl- oder Wirsingkohlblätter
2 Eßlöffel gehackte Petersilie
5 Scheiben Weißbrot
3 Eßlöffel Sahne
3 Eier
1 Schweinenetz

1.
Dörrfleisch, Zwiebeln, eine Scheibe Weißbrot in Würfeln schneiden und den Knoblauch mit grobem Salz zerdrücken.
2.
Pfifferlinge sauber putzen und gründlich waschen.
3.
Dörrfleischwürfel knusprig braten, Zwiebeln und Knoblauch zugeben, kurz anschwitzen, die Pfifferlinge beigeben. Zehn Minuten dünsten, dann kalt stellen.
4.
Das Lammfleisch durch die feine Scheibe des Fleischwolfs drehen.
5.
Die Weißbrotwürfel mit der Sahne und den Gewürzen gut vermengen. In Butter anrösten.

6.
Nach dem Erkalten die Pfifferlinge, geröstete Brotwürfel und Eischnee unter die Lammfleischsahnefarce mengen.
7.
Die Kohlblätter in kochendem Salzwasser blanchieren, in Eiswasser abschrecken, die Strunken herausschneiden, abtrocknen und mit Salz und Pfeffer würzen.
8.
Die Farce auf die 8 Kohlblätter verteilen und einschlagen.
9.
Die eingeschlagenen Röllchen in ein Tuch geben, an beiden Enden zudrehen und formen, dem Tuch entnehmen, in Schweinenetz einschlagen und würzen.
10.
In einem Bräter Öl und Butter erhitzen, und die Rouladen rundum anbraten.
11.
Dann in dem auf etwa 160 bis 180 Grad vorgeheizten Backofen 7 bis 10 Minuten fertigbraten.
12.
ANRICHTEN:
Ei mit drei Eßlöffel Sahne verquirlen, etwas würzen, an den Weißbrotscheiben Rinde abschneiden. In einer Pfanne etwas Butter erhitzen, Brot in Ei wenden, auf beiden Seiten in Butter anbraten und auf die vorgewärmte Teller geben. Je zwei Kohlröllchen darauf legen.

Erstaunt

So viele gute Restaurants
in einem so kleinen Land,
das hätte ich nicht erwartet.

Wolfram Siebeck

HAUPTGERICHT

Hechtschnitte aus dem Bielerweiher mit Meerrettichkruste in Biersoße

Zutaten für die Zubereitung des Hechts:

1600 Gramm Hecht
(zwei Stücke à 800 Gramm)
Zitronensaft
40 Gramm Butter
Salz
Pfeffer aus der Mühle
50 Gramm geriebenes Weißbrot
40 Gramm Butter
2 Eßlöffel geriebenen Meerrettich
etwas Senf
Salz
2 Eßlöffel gehackte Petersilie
2 Eßlöffel feingeschnittenen Schnittlauch
16 Schalotten

Für die Zubereitung des Fischfonds:

Die Karkassen vom Hecht
2 Schalotten
30 Gramm Butter
Lauch
Sellerie
Karotten
1/2 Liter Bier
Salz
Thymian
1/2 Liter Wasser
6 Pfefferkörner

Für die Zubereitung der Soße:

0,15 Liter Fischfond
0,05 Liter crème fraîche
0,05 Liter crème double
2 Schalotten
0,05 Liter Bier
Salz
Pfeffer aus der Mühle
60 Gramm Butter
8 Wacholderbeeren

1.
Den Hecht schuppen, filieren und enthäuten.
2.
Mit einer Pinzette die feinen Gräten herausziehen.

Fond:
1.
Die Karotten, Schalotten und das Gemüse klein schneiden und mit der Butter in einer Kasserolle anschwitzen.
2.
Mit Bier ablöschen, mit etwas Wasser auffüllen und die restlichen Zutaten zugeben.
3.
Etwa eine halbe Stunde auf kleiner Flamme kochen.
4.
Durch ein Haarsieb passieren.

Soße:
1.
Die feingeschnittenen Schalotten mit dem Bier aufkochen.
2.
Mit Fischfond auffüllen.
3.
Etwa 1/3 einkochen lassen.
4.
Bis auf die Butter sämtliche Zutaten zugeben.
5.
Nochmals 5 Minuten auf kleiner Flamme kochen.
6.
Die Soße abseihen.
7.
Kurz vor dem Servieren die Butterstückchen nach und nach mit dem Mixstab unterschlagen.
8.
Soße nochmals erhitzen (nicht mehr aufkochen).

Hecht:
1.
Das geriebene Weißbrot mit der Butter, geriebenem Meerrettich, gehackten Kräutern, Salz und Senf vermengen.
2.
Eine feuerfeste Platte mit Butter ausstreichen.
3.
Die Hechtfilets mit Salz, Pfeffer und Zitronensaft würzen.
4.
Mit den vorgefertigten Bröseln bedeckt in die ausgebutterte Form geben.
5.
Mit etwas Fischfond angießen.
6.
Bei guter Oberhitze 5 bis 8 Minuten goldgelb gratinieren.

Anrichten:
Die Soße als Spiegel auf den vorgewärmten Teller geben, die Hechtfilets darauf legen und mit den Beilagen garnieren.

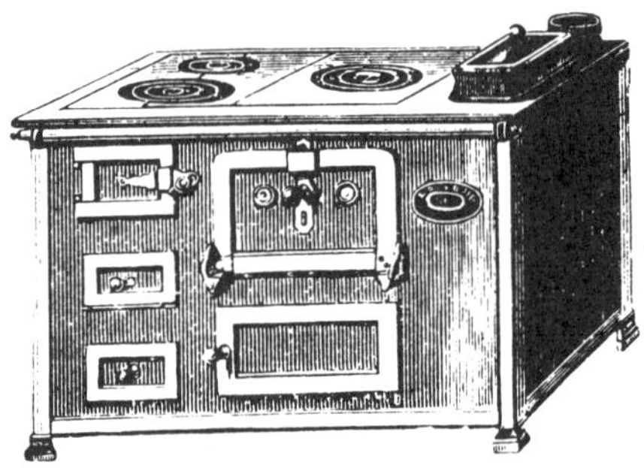

So ist das im Saarland

„Eine schlecht kochende Ehefrau gilt hier noch weitaus mehr als anderswo als eine wahre Strafe des Himmels."

Elisabeth Sossong

Beilagen:

Schalotten und Roggennudeln

Zutaten:
Schalotten
etwas Fischfond
220 Gramm Weizenmehl
80 Gramm Roggenmehl
3 bis 4 Eier
1 Eßlöffel Öl
Salz
6 Eßlöffel süßer Rahm

1.
Die geschälten Schalotten etwa 3 bis 4 Minuten im Fischfond dünsten.
2.
Mehl auf den Tisch sieben, eine Mulde ausformen, außer dem Rahm sämtliche Zutaten hineingeben und gut verkneten bis ein geschmeidiger Teig entsteht.
3.
Den Teig in Klarsichtfolie einschlagen und 20 Minuten ruhen lassen.
4.
In drei Stücke schneiden. Dünn ausrollen.
5.
Die Fladen kurz antrocknen, zusammenrollen, in feine Streifen schneiden und 30 Minuten austrocknen lassen.
6.
In siedendem Salzwasser etwa 2 bis 3 Minuten garen.
7.
In kaltem Wasser abschrecken.
8.
Den Rahm mit etwas Salz aufkochen und die Nudeln darin erhitzen.

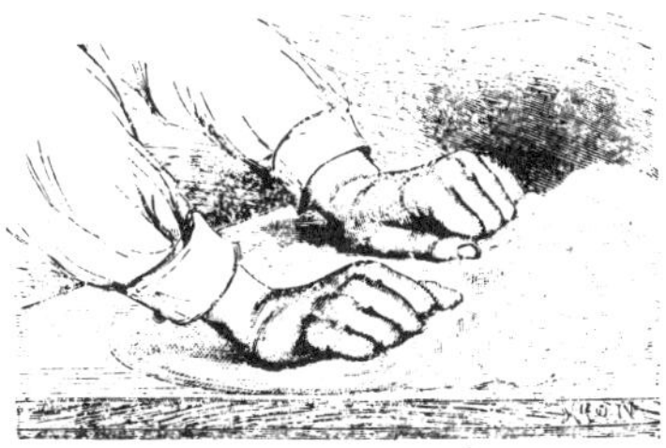

Bliesgauer Zwetschen-Quarkcreme mit Birnensoße

Zutaten
für die Zwetschen-Quarkcreme:
175 Gramm getrocknete Zwetschen
0,04 Liter Portwein
0,06 Liter Orangensaft
1 Teelöffel geriebene Orangenschale (selbstverständlich ungespritzt)
0,06 Liter Milch
3 Blatt Gelatine
100 Gramm Schichtkäse
1 Eigelb
3 bis 4 Eiweiß
60 Gramm Zucker
1/4 Liter Sahne
0,04 Liter Cognac

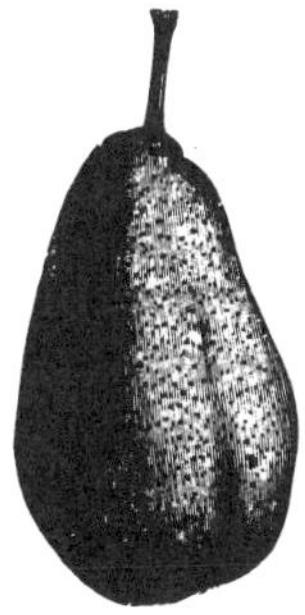

Für die Baisermasse:
3 Eiweiß
2 Eßlöffel Vanillezucker
60 Gramm Zucker
1 Eßlöffel Wasser
1 bis 2 Blatt Gelatine

Für die Birnensoße:
80 Gramm Zucker
0,04 Liter Weißwein
Saft einer halben Zitrone
3 Williamsbirnen
0,04 Liter Birnenbranntwein

Zwetschen-Quarkcreme:
1.
Die getrockneten Zwetschen waschen und entsteinen.
2.
Mit dem Portwein und dem Orangensaft einige Stunden einweichen.
3.
Die Zwetschen im Mixer fein pürieren.
4.
Püree mit der Milch aufkochen.
5.
Die in kaltem Wasser eingeweichte Gelatine ausdrücken, unter das Püree geben und auskühlen lassen.

6.
Schichtkäse durch ein Sieb passieren, mit dem Eigelb und der Orangenschale schaumig rühren und unter das erkaltete Zwetschenpüree geben.
7.
Eiweiß mit dem Zucker im Wasserbad anschlagen. Dann kalt schlagen bis es steif ist.
8.
Die Sahne schlagen.
9.
Beides unter die erkaltete Zwetschen-Quarkmasse heben.
10.
In Förmchen füllen und erkalten lassen.
11.
Die Baisermasse erst warm, dann kalt schlagen.
12.
Die in kaltem Wasser eingeweichte Gelatine ausdrücken.
13.
Den Cognac erhitzen. Die Gelatine darin auflösen und unterziehen.
(nicht mehr aufschlagen)

Birnensoße:
1.
Weißwein mit Zucker und Zitronensaft aufkochen.
2.
Die geschälten und vom Kerngehäuse befreiten Birnen kleinschneiden.
3.
Darin pochieren, im Mixer pürieren und durch ein Sieb streichen.

Anrichten:
1.
Die Soße als Spiegel auf die vorgerichteten Teller geben.
2.
Die erkaltete Zwetschen-Quarkcreme stürzen und auf die Mitte des Tellers geben.
3.
Die Baisermasse mittels Spritzbeutel aufspritzen.
4.
Mit Puderzucker bestreuen.
Tip: mit Beerenfrucht und Pfefferminz garnieren.

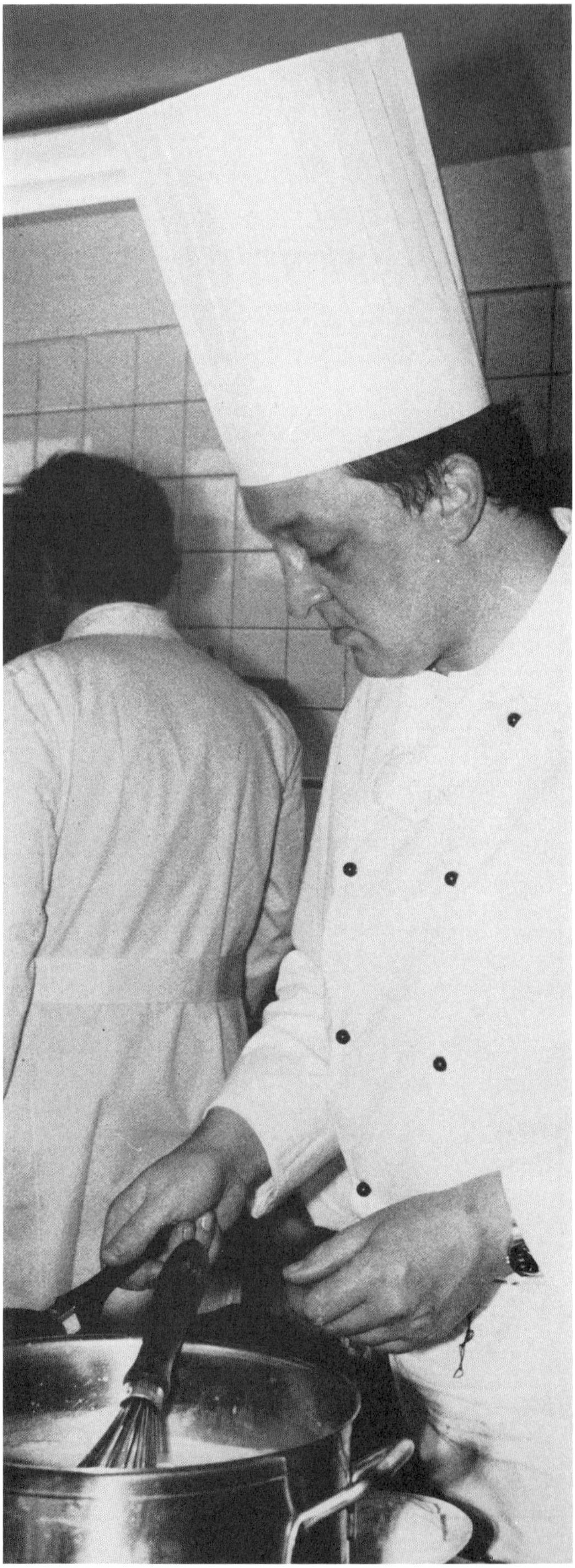
Horst Stank

MENU

Saarländische
Biersuppe
mit gerösteten
Weißbrotwürfeln

*

Glacierte Kalbshaxe
mit einem Hauch
Lebkuchen,
Käseknödel
und
Lisdorfer
Wiesentalsalat
mit Speckgrübchen

*

Kleine Crèpes mit
Apfelquark und
Weinsabayon

preisgekrönt
(Berufsköche)

Horst Stank
Schopenhauerstraße 16
6600 Saarbrücken 3

VORSPEISE

Saarländische Biersuppe mit gerösteten Weißbrotwürfeln

Zutaten:
0,5 Liter Bier (Export)
0,5 Liter Bier (Pils)
30 Gramm Zucker
3 Eigelb
50 Gramm Butter
1/8 Liter saure Sahne
Salz
weißer Pfeffer
2 Scheiben Toastbrot

1.
Das Bier zusammen mit dem Zucker so lange erhitzen und rühren, bis sich der Zucker auflöst.
2.
Vom Feuer nehmen.
3.
Eigelb mit Sahne unter die Suppe rühren.
4.
Mit Salz und Pfeffer abschmecken.
5.
Nochmals erhitzen.
6.
Mit in Butter gerösteten Toastwürfeln anrichten.

Alles braucht seine Zeit
Wer als Fremder in Saarbrücken ein „schnelles Pils" bestellt, läuft Gefahr, aus dem Lokal ausgewiesen zu werden.
Charly Lehnert

HAUPTGERICHT

Glacierte Kalbshaxe

Zutaten:

1 Kalbshaxe à 1200 Gramm
Bratfett
Suppengrün
Salz
geschroteter Pfeffer
etwas Tomatenmark
0,5 Liter Bier
0,5 Liter Bratensaft (kein Instant)

1.
Kalbshaxe anbraten.
2.
Suppengrün dazugeben.
3.
Mit Bier und Bratensaft ablöschen.
4.
1 1/2 bis 2 Stunden garen lassen.
5.
Danach Soße passieren, abschmecken und mit Lebkuchen vollenden.

Lebkuchen

(für die glacierte Kalbshaxe)

Zutaten:

2 Eier
65 Gramm Zucker
15 Gramm Orangeat
15 Gramm Zitronat
50 Gramm Mehl
Zitronenschale
Nelken
Zimt
Kardamom
Muskat
Backoblaten
50 Gramm Mandeln

1.
Eiweiß zu Schnee schlagen.
2.
Eigelb mit Zucker schaumig rühren.
3.
Zitronat, Orangeat, Mandeln und Gewürze zugeben.
4.
Masse gut durchrühren und Eiweiß darunter heben.
5.
Auf Oblaten verteilen.
6.
Etwa 20 Minuten hellbraun backen.

Käseknödel

Zutaten:

200 Gramm geriebener Emmentaler
Salz
weißer Pfeffer
100 Gramm Mehl
1 Zwiebel
50 Gramm Butter
2 Eier
Petersilie
Mondamin

1.
Gewürfelte Zwiebel zusammen mit der Petersilie in Butter anrösten.
2.
Mehl dazugeben.
3.
Eier langsam darunter heben.
4.
Den geriebenen Käse dazugeben und abdrehen.
5.
Klöße formen und in Mondaminwasser abkochen, damit die Klöße einen schönen Glanz bekommen.

Salat

Zutaten:
Etwa 600 Gramm Salat (je nach Saison)
50 Gramm Dörrfleisch
3 Eßlöffel Essig
9 Eßlöffel Öl
1 Teelöffel Senf
2 Eßlöffel Sahne
2 Eßlöffel crème fraîche
frische Kräuter
Salz
Pfeffer
Knoblauch

1.
Salat sorgfältig putzen und waschen.
2.
Aus Essig, Öl, Senf, Pfeffer, Salz und den frischen Kräutern die Salatsoße herstellen.
3.
Den Salat mehrmals in der Soße wenden.
4.
Mit ausgelassenen Speckgrübchen überstreuen.
5.
Aus dem Knoblauch, der Sahne und der crème fraîche eine Masse herstellen und über den Salat gießen.

NACHSPEISE

Crèpes

Zutaten:
100 Gramm Mehl
1 Eßlöffel Zucker
1 Teelöffel Vanillezucker
2 Eier
30 Gramm Butter
1/4 Liter Milch
etwas Salz
etwas Öl

1.
Aus den Zutaten einen dünnen Pfannenkuchenteig herstellen.
2.
Daraus hauchdünne Crèpes backen.

Weinsabayon

Zutaten:
80 Gramm Zucker
2 Eigelb
0,2 Liter Weißwein

1.
Die Zutaten über Dampf schlagen bis die Masse schaumig wird.
2.
Warm oder erkaltet über die Crèpes geben.

Apfelquark

Zutaten:
100 Gramm Speisequark
2 Äpfel
etwas Viez
etwas Rum
Zucker
50 Gramm Sahne

1.
Den Quark mit der Sahne vermischen, Rum dazugießen, Viez, Äpfel und Zucker hinzufügen.
2.
Den Apfelquark in die Crèpes füllen.

Rezepte aus dem Saarland

Rigoros

„Wenn ich Hunger hann,
dann muß ich was esse"

Heinz Becker

Scheiber Kohlröllchen

Vorspeisen, Suppen, Salate

Niedforellen-Röllchen

mit Blattspinat gefüllt, in Rosmarinsoße

Zutaten:
für die Röllchen:

2 Niedforellen 250 bis 300 g
200 Gramm Blattspinat
1/2 Zwiebel in Würfeln
1 große Stange Lauch
geriebene Muskatnuß
20 Gramm Butter

für die Soße:

20 Gramm Butter
20 Gramm Mehl
2 Eigelb
1/16 Liter Sahne
1 Bund Rosmarin

für den Fischfond:

gewürfeltes Wurzelwerk
20 Gramm Butter
1/16 Liter herber Weißwein
Lorbeerblätter
Nelken
Pfefferkörner

Die Forelle ausnehmen, Kopf abschneiden und vom Rücken aus aufschneiden um die Gräten zu entfernen. Die Flossen werden ebenfalls abgeschnitten. Die Filets waschen, auf ein Tuch legen und kalt stellen.
Die Gräten und Köpfe mit Butter angehen lassen. Das Wurzelwerk dazugeben, durchschwitzen lassen und mit Weißwein ablöschen. Mit 1/4 Liter Wasser auffüllen, mit Salz abschmecken und nach 1/2 Stunde Kochzeit abpassieren. Die Gewürze mitkochen lassen.
Blattspinat auslesen und von den Stielen befreien, mit reichlich kochendem Salzwasser überwellen und mit Wasser wieder kalt abspülen. Abtropfen lassen und grob mit dem Messer schneiden.
Die Zwiebel mit der Butter angehen lassen, den Spinat dazu geben und mit Salz und etwas Muskat abschmecken.

Forellenfilets mit der Haut nach außen rollen, mit Blattspinat füllen. Die geputzten Lauchstangen in Salzwasser blanchieren und die Blätter lösen. Jeweils ein Lauchblatt um das Forellenröllchen wickeln, so wird verhindert, daß sich die Forelle aufrollt. Die Röllchen nebeneinander in ein ausgebuttertes Töpfchen setzen, mit Fischfond bedecken und bei kleinem Feuer gar ziehen. Auf vorgewärmten Tellern anrichten.

Die Soße:

Mit Mehl und Butter eine Schwitze herstellen und mit dem übrig gebliebenen Fischfond auffüllen. Mehl auskochen lassen, mit Sahne und Eigelb legieren, den feingeschnittenen Rosmarin hinzu geben und mit der Soße jeweils 1/2 Röllchen nappieren.

Karl-Heinz König

Geräucherte Forellentorte

„Merschwiller Art“

Zutaten:

3 Portionen geräuchertes Forellenfilet à 200 Gramm
3 Portionen frische Forelle, filiert 650 Gramm
3 Eiweiß
125 Gramm Weißbrot
0,4 Liter Sahne
Charlotten
Butter
2 Bund Dill
1 Stück roter Paprika, frisch
3 Tomaten
1 kleine Dose Trüffel

Garnitur für Torte:

schwarze Olive
rote Paprikarauten
Dillzweige

1.
Von den frischen Forellenfilets, Eiweiß, Weißbrot ohne Rinde, Charlotten, Butter und Sahne eine Fischfarce herstellen.
2.
Die Hälfte der Farce mit Tomatenwürfeln, blanchierten roten Paprikawürfeln und gehackten Trüffeln mischen und in eine gebutterte Tortenringform luftfrei einfüllen.
3.
Geräuchertes Forellenfilet auf weiße Farce auslegen und andrücken. Die andere Hälfte der Farce mit grobgehacktem Dill mischen und darauf verteilen. Die Form auf nassem Tuch aufstoßen.
4.
In heißes Wasserbad von 80 Grad C stellen, bei einer Ofentemperatur von 140 Grad C ca. 15-20 Minuten stocken lassen, kalt stellen, Form entfernen. Portionsstücke wie Torte schneiden, mit Aspik überziehen und garnieren. Diese Torte kann auch warm gegessen werden. Mit geräuchertem Aal schmeckt sie noch besser.

Horst Finsterbusch

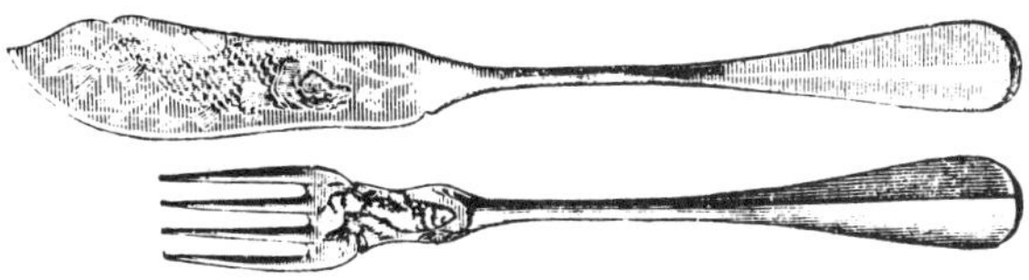

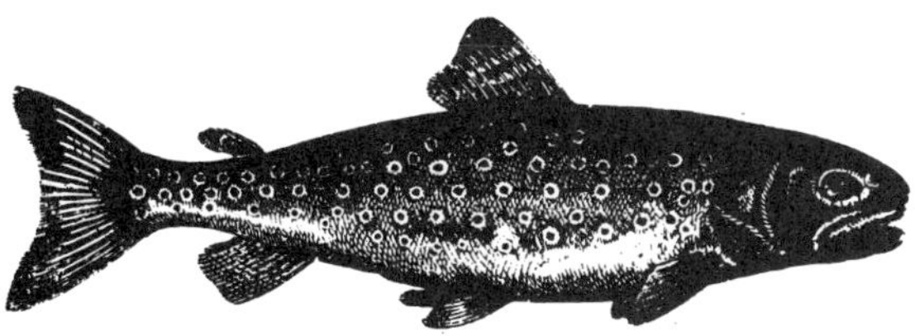

Gefülltes Perler Rebengrün in Basilikumsahne

Zutaten:
4 große, frische Weinblätter
oder aus der Konserve
200 Gramm Schweinehackfleisch
40 Gramm gekochter Schinken
in Würfel
1 Zwiebel in Würfeln
1/2 gehackte Knoblauchzehe
1/2 Eßlöffel gehackte Petersilie
1 ganzes Ei
Salz
Pfeffer
1/2 Liter Fleischbrühe
für die Soße:
Zutaten:
20 Gramm Butter
30 Gramm Mehl
1/16 Liter Sahne
2 Eigelb
1 Bund Basilikum

Das Schweinehackfleisch mit Schinken, Zwiebeln, Knoblauch, Petersilie, Eier, Pfeffer und Salz vermengen und abschmecken.Die Weinblätter in reichlich Salzwasser blanchieren und einzeln auf den Tisch legen. Aus der Hackmasse kleine Röllchen formen und in die Weinblätter einwickeln. Die Röllchen nebeneinander in einen ausgebutterten Topf setzen und mit der Fleischbrühe bedeckt bei kleiner Flamme ca. 10 bis 15 Minuten gar ziehen lassen. Nach dem Abtropfen auf einem vorgewärmten Teller anrichten.
Die Soße:
Mit Mehl und Butter eine Schwitze herstellen und mit der Brühe vom Garen auffüllen. Mehl auskochen lassen, mit Eigelb und Sahne legieren und 2/3 des feingeschnittenen Basilikums dazugeben. Die Soße über die Röllchen ziehen und mit dem Rest des Basilikums bestreuen.

Karl-Heinz König

Broccoliflan mit Forellenstreifen in Saarsektsauce

Zutaten:
500 Gramm Broccoli
2 Forellen
50 cl Fischfond
50 cl Sahne
3 Eßlöffel Crème-fraîche
50 Gramm Butter
4 Eier
4 Schalotten

1.
Den Broccoli putzen und in Salzwasser knackig kochen. In ein Sieb geben und gut abtropfen lassen.
2.
Die kleingeschnittenen Schalotten in etwas Butter andünsten, den Broccoli kurz darin schwenken. In der Moulinette zu Purée verarbeiten. Das Eigelb darunter mischen, sowie die Sahne. Mit Salz, Pfeffer und Muskat würzen.
3.
Die Masse in ein gut gebuttertes Förmchen einfüllen und im Wasserbad ca. 15 bis 20 Minuten bei 200 Grad pochieren.
4.
Die Forellen filieren und die Gräten entfernen, nachdem sie gargedünstet sind.
5.
Sekt fast ganz einkochen, Fischfond sowie Crème-fraîche dazugeben. Einkochen bis die Sauce sämig ist. Kurz mixen und kalte Butter darunterrühren. – Salz, Pfeffer aus der Mühle und ein Tropfen Sekt.
6.
Die Forellenstreifen im restlichen Fond kurz erhitzen bis der Flan gar ist, pochieren.

Jean-Luc Jaeger

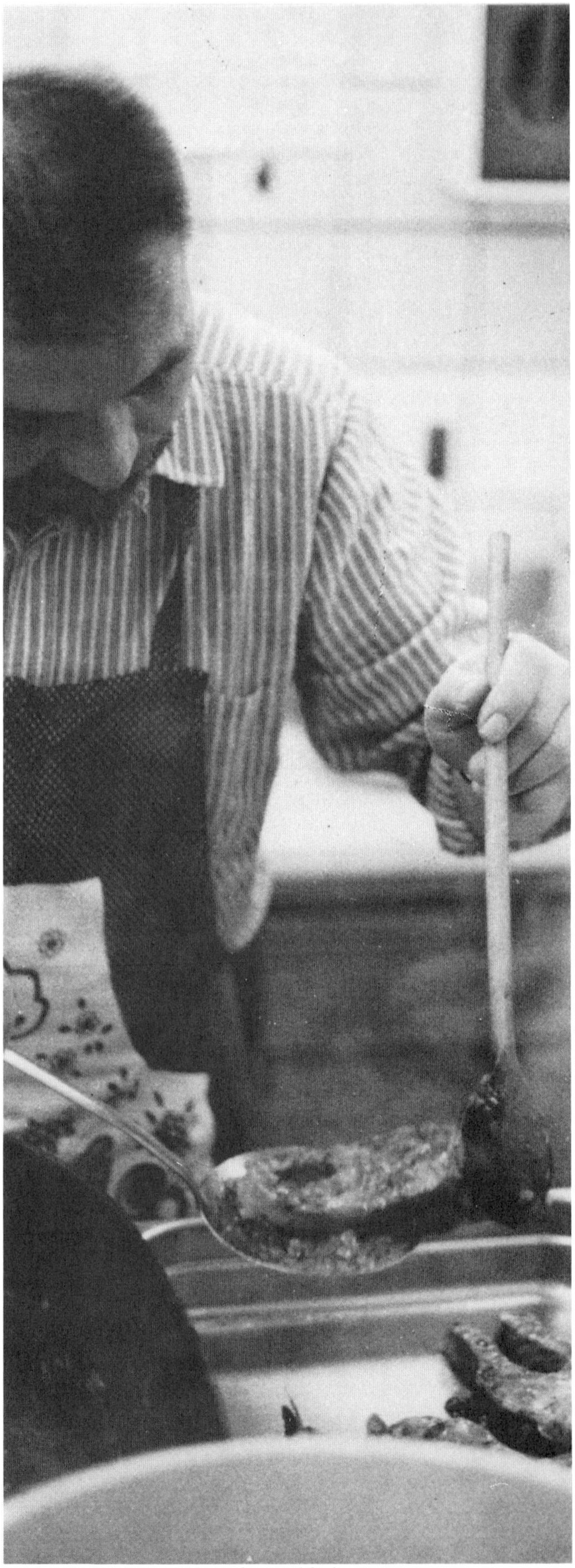

der Hobbykoch

Zwiebel-Rahmkuchen

Zutaten:

1/2 Liter Sahne
1 Tasse Milch
1 Würfel Hefe
250 Gramm Mehl
60 Gramm Butter
Zwiebeln

1.
1 Tasse Milch mit 1 Würfel Hefe und 250 Gramm Mehl zu einem Teig rühren und gehen lassen.
2.
Ist der Teig gegangen, 60 Gramm Butter zugeben. Den Teig kneten und auswellen und auf das Kuchenblech geben und nach und nach etwas gehen lassen.
3.
Zwiebel in dünne Scheiben schneiden, den Kuchen damit belegen.
4.
Einen 1/2 Liter Sahne über die Zwiebel streichen und grobes Salz darüber streuen.
5.
Bei mittlerer Hitze goldgelb backen.
(ca. 20-30 Minuten bei 200 Grad)

Hedwig Piechotta

Gefüllte Schwarzenholzer Steinpilzkappen

Zutaten:

1 kg frische Steinpilze
100 Gramm Dörrfleisch
2 Zwiebeln
1/8 Liter Crème fraîche
1/8 Liter Weißwein
50 Gramm Margarine
Salz
Pfeffer
Muskat
Thymian
frische Gartenkräuter

1.
Die Pilze putzen und waschen.
2.
4 schöne, gleichmäßige Pilzhüte ganz lassen, den Rest schneiden.
3.
Das Dörrfleisch, die Zwiebeln und die Kräuter würfeln bzw. kleinhacken.
4.
Die Pilzköpfe salzen und pfeffern.
5.
Die ganzen Steinpilze 5 Minuten in Margarine anbraten, aus der Pfanne holen und warmstellen.
6.
Das Dörrfleisch, die Zwiebeln, die Pilze und die gehackten Kräuter in die Pfanne geben und 5 Minuten schmoren.
7.
Mit Salz, Pfeffer, Muskat abschmecken, Crème fraîche hinzu, einkochen lassen und nochmals abschmecken, dann in die warmgehaltenen Steinpilzkappen füllen.

Kurt Haas

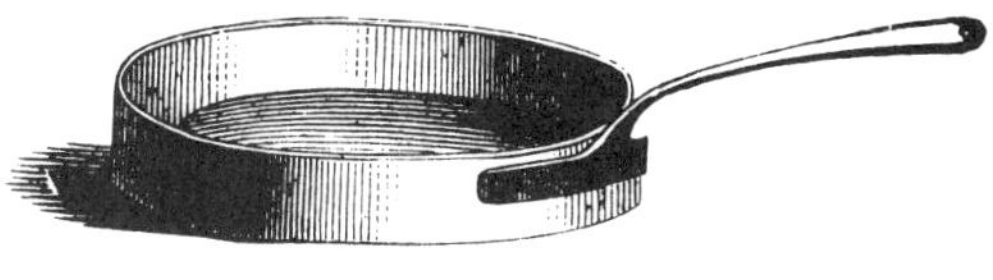

Rinderkraftbrühe, Ochsenmarktaschen

Zutaten:
400 Gramm Rinderbrust
200 Gramm Karotten, Sellerie, Lauch, Zwiebeln

80 Gramm Rindermark
120 Gramm Weißbrot ohne Rinde
1 Ei
1 Eigelb
20 Gramm magerer Schinken
Zwiebeln
Petersilie
Muskat

100 Gramm Mehl
1 Ei
1 Eigelb

1.
Von der Rinderbrust, dem Gemüse und den üblichen Gewürzen eine Brühe kochen.
2.
Das Gemüse noch kernig herausnehmen und abgekühlt in Rauten schneiden. Ein Stück guten Lauch roh belassen und in Rauten schneiden.
3.
Einen Nudelteig von den üblichen Zutaten bereiten und ruhen lassen (S. 49). Ebenso die Mark-Klößchenmasse aus den angegebenen Zutaten bereiten.
4.
Den Teig ausrollen, rund gezackt ausstechen, mit Markmasse belegen, Rand mit Eigelb bestreichen und zu Taschen klappen.
5.
In gewürzter Brühe garen.
6.
Zum Servieren je 3-4 Taschen und Gemüserauten in die Brühe. Schnittlauch dazu geben. Das gekochte Rindfleisch kann separat mit warmen Meerrettichbutterflûtes gereicht werden.

Horst Finsterbusch

Bauernkraut-Suppe

Zutaten:
350 Gramm Spinat, gewaschen, gezupft
80 Gramm Kerbelkraut
1 Sträußchen Mayoran
40 Gramm Zwiebelkraut (im Frühjahr kann auch Sauerampfer dazugegeben werden)
1 1/2 Liter Bouillon (Fleischbrühe)

1.
Das grob gehackte Grünzeug in Butter kurz andünsten. Mit der kräftigen Bouillon langsam 30 Minuten kochen lassen.
2.
Mit Pfeffer, Salz und einer Prise Muskat abschmecken.
3.
1 dl. Sahne und zwei Eigelb miteinander vermengen. Die Suppe vom Feuer nehmen und mit dieser Liäson binden. Nicht mehr aufkochen!!!
4.
1 Scheibe geröstetes Weißbrot (Flûtes) auf den Tassenboden legen und die Suppe darüber anrichten.
Mit Schnittlauch bestreuen.

Marcus

Ochsenschwanz in Graupensuppe

nach Art meiner „Oma Tilchen"

Zutaten:

ca. 1000-1200 Gramm Ochsenschwanz
250 Gramm Graupen
250 Gramm Karotten
1 Stiel Lauch
1 kleine Sellerieknolle mit Kraut
1 Eßlöffel gehackte Petersilie
1 große Kartoffel
1 dicke Zwiebel
1 Eßlöffel Schmalz oder Öl
1 Räucherschwarte oder
1/4 Pfund Dörrfleisch
Salz
Pfeffer
Muskat
1 Brühwürfel

1.
Den Ochsenschwanz waschen, abtrocknen und zwischen den Gliedern durchschneiden (nicht hacken, da sonst Knochensplitter entstehen und die Suppe nicht mehr gesiebt wird). Dann mit dem Fett und den gestiftelten Karotten anschwitzen. Anschließend die gewaschenen Graupen dazugeben, etwas glasig werden lassen und mit dem Wasser, einem Teelöffel Salz, der Räucherschwarte und dem Brühwürfel auffüllen. Zum Kochen bringen und ca. 30 bis 45 Minuten leicht kochen lassen.

2.
Je nach Alter seines Besitzers braucht der Ochsenschwanz etwa so lange wie das völlige Aufquellen der Graupen. Es ist darauf zu achten, daß anfänglich soviel Wasser im Topf ist, daß die Graupen nicht anbrennen.

3.
20 Minuten vor dem Garwerden sind die würfelig geschnittenen Kartoffeln und der in halbe Ringe geschnittene Lauch dazuzugeben. Zum Schluß gibt man das streifig geschnittene Selleriekraut dazu, schmeckt ab und serviert mit der gehackten Petersilie.

4.
Ich kann mich entsinnen, daß die Graupen durch das Anschmoren etwas bräunlich waren, aber mit den Gemüsen nach Zugabe des Selleriekrauts phantastisch geschmeckt haben. Ursprünglich „in etwas steifer Form" wurde dieses Gericht als Eintopf gereicht, mit ziemlich fettem Rindfleisch – Brust oder Leiterstück –.

Dieter Riehm

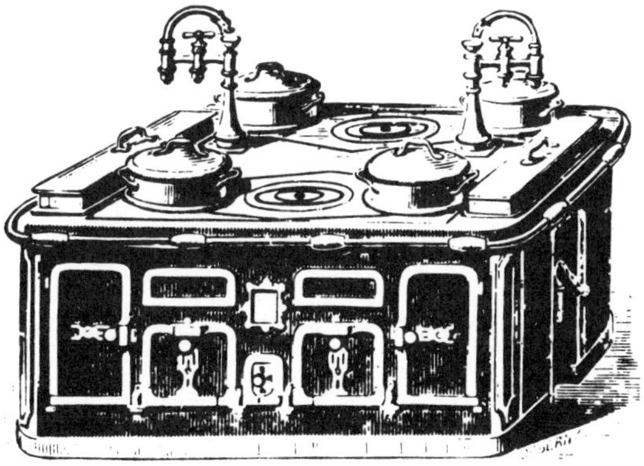

Angebrannte Grießsuppe

Zutaten:

1 Liter kräftige Bouillon
120 Gramm Grieß (Semoule)
1/4 Liter Sahne
1/2 Kopfsalat (Julienne geschnitten)
60 Gramm Butter
Öl

1.
In einem Suppentopf Öl und Butter heiß machen. Den Grieß dazuschütten und unter ständigem Rühren leicht braun anrösten.

2.
Mit Bouillon ablöschen.

3.
Zwei Stunden köcheln lassen.

4.
Vor dem Servieren flüssige Sahne und in feine Julienne geschnittenen Salat daruntermelieren.

Lisdorfer Bauernsuppe

Zutaten:
1/2 Liter klare Fleischbrühe
50 Gramm frische Möhren (geputzt)
50 Gramm Staudensellerie (geputzt)
50 Gramm Lauch (geputzt)
50 Gramm Zwiebeln
20 Gramm Perlgraupen

1.
Die Gemüse in kleine Scheiben (émincér) schneiden und in etwas Margarine mit Knoblauch andünsten.
2.
Mit der Fleischbrühe auffüllen und nach dem Aufkochen die Perlgraupen ca. 30 Minuten mitkochen lassen.
3.
Mit Muskat und weißem Pfeffer abschmecken.
4.
Vor dem Servieren mit gehackter Petersilie bestreuen.

Franz-Josef Bettinger

Sondaachs-grombiersupp

4 Zwiebeln schälen, in Ringe schneiden, in 2 Eßlöffel Butter glasig dünsten. 1 kg Kartoffeln waschen, schälen, kleinschneiden, auf die gedünsteten Zwiebeln geben, mit 1 Liter Fleischbrühe auffüllen und die Kartoffeln weich kochen. Die Masse durch ein Sieb passieren. 1/4 Liter Rahm, 1/10 Liter Weißwein unterziehen, mit etwas Chilli, schwarzem Pfeffer, Muskatblüte und Salz abschmecken.
In Suppentassen verteilen, ein Häubchen Schlagsahne aufsetzen und mit in Butter gerösteten Weißbrotcroutons bestreuen.

Winfried Emrich

Supp „Quer durch de Gaade“

Zutaten:
1 Liter Rindfleischsuppe
(von Fleisch und Knochen)
350 Gramm Gemüse:
Bohnen, Lauch, Erbsen, Möhren, Kohlrabi, Blumenkohl sowie nach Saison weitere Gemüse

In die kochende Rindfleischsuppe geben wir das feingeschnittene Gemüse und lassen es 10 Minuten mitkochen, sodaß es noch einen leichten „Biß“ hat.
Nach Geschmack mit Salz und Suppengewürze abschmecken.

Kesselsuppe mit Kracheln

Zutaten:
20 Gramm Öl
50 Gramm Dörrfleisch
100 Gramm Weißkraut
100 Gramm Karotten
100 Gramm frische Stangenbohnen
150 Gramm Kohlrabi
1 Liter Bouillon
4 Scheiben Weißbrot

1.
Das Gemüse putzen, waschen und blättrig (Bohnen in Stücke) schneiden. Alles zusammen mit der Bouillon zum Kochen bringen. Ca. 25 Minuten gut durchkochen lassen und abschmecken mit Salz, Pfeffer, Muskat.

2.
Während des Kochens der Suppe Öl erhitzen, Speck oder Dörrfleisch auslassen und das Weißbrot in kleine Würfel geschnitten dazugeben. Kurz mitrösten und zum Schluß die Suppe damit verfeinern.

Kochen und Wandel
Zuverlässigkeit beim Sieden und Braten ist ... bedeutsam im Hinblick auf die Wandelbarkeit der menschlischen Natur.
Ludwig Harig

von links: Luise Stinsky, Karl-Heinz König, Horst Finsterbusch

Rustikaler Selleriesalat
(6 Portionen)

Zutaten:
200 Gramm Fleischwurst
1 Knolle Sellerie
3 Eier
1 Becher saure Sahne
1 Eßlöffel Sellerieherzblätter
2 Zitronen
1 Teelöffel Zucker
3 Eßlöffel Öl
1 Zwiebel
Salz
Pfeffer

Vorbereitung: 40 Minuten
Zubereitung: 10 Minuten

1.
Zunächst die Sellerieherzblätter von der Knolle entfernen, waschen und zur Seite stellen.
2.
Sellerie gut waschen und bißfest abkochen. Unter kaltem Wasser abschrecken, schälen und in kleine Würfel schneiden. Fleischwurst von der Pelle entfernen, in kleine Würfel schneiden und zu dem Sellerie geben.
3.
Die Eier hart abkochen, zum Ausgarnieren 6 Scheiben zur Seite stellen, den Rest auch in kleine Würfel schneiden und zu dem Sellerie und der Fleischwurst geben.
4.
Von der sauren Sahne lassen wir auch einen Eßlöffel voll zurück. Den Rest verarbeiten wir mit den ausgepreßten Zitronen, Öl, Salz, Pfeffer, Zucker und der feingehackten Zwiebel zu einer Salatmarinade.
5.
Das Ganze vermengen wir behutsam und geben es in eine dekorative Schüssel.
6.
Mit den 6 Eischeiben, saurer Sahne und den Sellerieherzblättern garnieren wir den Salat zu einer Blüte.

Luise Stinsky

Wurstsalat
auf „saarländische Art“

Zutaten:
250 Gramm Fleischwurst
250 Gramm Tomaten
250 Gramm gekochte Kartoffeln
4 gekochte Eier
250 Gramm Feldsalat
1 Zwiebel
Senf
Petersilie
Öl
Schnittlauch
Essig
Pfeffer
Salz

1.
Die Fleischwurst halbieren und in Scheiben schneiden.
2.
Tomaten halbieren und von den Kernen befreien, danach in 1 cm große Würfel schneiden.
3.
Die gekochten Kartoffeln und die Eier in 1 cm große Würfel schneiden und mit den vorhergenannten Zutaten mischen.
4.
Das Ganze wird nun mit einer Tunke aus Essig, Öl, Senf, Petersilie, Schnittlauch, Pfeffer und einer Prise Salz angemacht.
5.
Der nun angemachte Salat wird auf einem mit Feldsalat sternförmig ausgelegten Teller angerichtet und mit Zwiebelringen ausgarniert.

Martin Schneider

„Frühlingsabend"-Cocktail

Zutaten:
250 Gramm Spargel
100 Gramm Schinken
1 Apfel
1 Zwiebel
2 hartgekochte Eier
2 Gewürzgurken
2 Tomaten
Petersilie
1/4 Liter Sahne
Salz
Pfeffer
Zucker

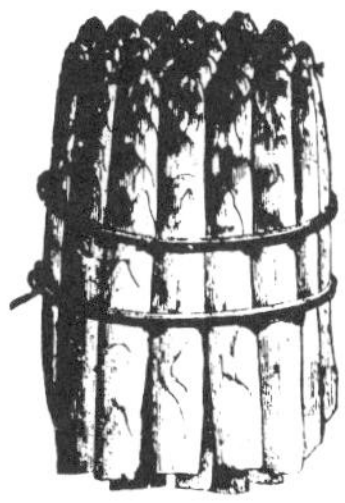

1.
Spargel in wenig Wasser kochen, in Stücke schneiden.
2.
Zusammen mit Schinkenstreifen, in Stücke geschnittenen Apfel, Zwiebelringen, Eischeiben, Gurkenscheiben, Tomatenachteln und Petersilie in ein großes oder in kleine Cocktailgläser schichten.
3.
Kurz vor dem Servieren die schaumiggeschlagene, mit Salz, Pfeffer und Zucker gewürzte saure Sahne darübergießen.

Therese Hübgen

Sauerkrautsalat

Zutaten:
250 Gramm Sauerkraut
2 Eßlöffel Zucker
1 grüne Paprikaschote
3 mittelgroße Tomaten
3 Eßlöffel Merziger Viez
1 kleine Zwiebel
Salz
Pfeffer
4 Eßlöffel Crème Fraîche

1.
Den Zucker über das Sauerkraut streuen und mit zwei Gabeln alles schön auflockern.
2.
Paprika in feine Streifen und Tomaten in feine Scheiben schneiden und über das Kraut streuen.
3.
Aus Viez, feingewiegter Zwiebel, Salz, Pfeffer und Crème Fraîche eine Marinade rühren und alles über den Salat geben und gut mischen.

Emmy Siebenberg

Streifen-Salat mit Joghurt-Dressing

3-4 verschiedene Blattsalate der Saison in gleichmäßige Streifen schneiden und mit einem leichten Joghurt-Dressing anrichten. Gerollten Borretsch in Streifen schneiden und über den Salat streuen.

Horst Finsterbusch

Salat vom Schweinebacken

Zuaten:
3/4 Schweinskopf
1/2 kräftiges Mire-Poix
1/2 dl trockenen Weißwein
Salz
Pfeffer
Lorbeer
Nelke
Majoran

Sauce:
1/2 dl Essig
1/2 Dl Weißwein trocken
1 1/2 dl Öl
1 Eßlöffel Senf
Salz
Pfeffer,
1 Sträußchen Majoran
1/2 gekochtes Ei (gehackt)
1 kleine Tomate geschält
zerkleinerte Petersilie
Kerbel
Schnittlauch
Herzblätter von einem Kopfsalat
2 Radieschen.

1.
Schweinekopf mit Wasser, Weißwein, Bouquet Garni langsam weichkochen.
2.
Ca. 1 1/2 Stunde im Fond auskühlen lassen.
3.
Das Fleisch von den Knochen lösen, in Julienne schneiden und mit etwas grobem Salz bestreut kaltstellen.

Die Sauce wie eine Vinaigrette anrühren.
1.
Senf, Salz, Pfeffer in die Schüssel geben.
2.
Essig einrühren.
3.
Weißwein und Garniture vorsichtig darunterziehen.
4.
Hie und da rundet eine Prise Zucker den Geschmack ab.

Anrichten:
1.
Das geschnittene Fleisch auf den Teller legen.
2.
Die Sauce leicht darübernappieren.
3.
Die Kräuter darauf streuen.
4.
Eine Seite mit einem schönen Herzblatt vom Kopfsalat und die in Scheiben geschnittenen und mit etwas Salz bestreuten Radieschen garnieren.

Marcus

Saarbrücker Sommersalat

Zutaten:
400 Gramm Fleischwurst
200 Gramm Schweizer Käse
4 mittlere Tomaten
1/2 Salatgurke
1/2 Teelöffel Dillspitzen
1 Teelöffel Senf
1 Prise Salz
4 Eßlöffel Crème Fraîche

1.
Fleischwurst, Tomaten, Salatgurke und Schweizerkäse werden in Würfel geschnitten.
2.
Aus Dillspitzen, Senf, Salz und Crème Fraîche eine Marinade rühren und über den Salat gießen. Alles gut mischen, und mindestens 1 Stunde gut durchziehen lassen.
3.
Mit Flûtes und einem Rosé eignet er sich gut als Vorspeise. Außerdem ist er eine willkommene Bereicherung beim Picknick.

Emmy Siebenberg

„Geschmelzter" Bohnensalat

Zutaten:
500 Gramm frische, junge Bohnen in der Saison, sonst Prinzeßbohnen
250 Gramm gekochter Schinken am Stück
15 cm von einem Flûtes
50 Gramm Speck

1.
Bohnen nicht zu weich kochen, ganz verwenden.
2.
Weißbrot ganz klein würfeln, in Butter anrösten.
3.
Schinken ganz klein würfeln und ebenfalls in Butter anrösten.
4.
Als Salat mit Pfeffer, Öl, Salz, Zwiebel und Essig anmachen.
5.
Über den Salat den gewürfelten und goldbraun ausgelassenen Speck geben.
6.
Zu gebuttertem und mit Knoblauch gespicktem, warmem Weißbrot servieren.

Ellen Flegel

Salatherzen mit mild geräucherten Forellenfilets

Zutaten:
2 Kopfsalate
Essig
Salatöl
4 Eier
Zitronen
Salz
weißer Pfeffer
4 Forellenfilets
1 Bund Dill
2 dl. Crème Fraîche
4 cl Sahne
Cayenne pfeffer
Worchester

1.
Salat putzen und in einzelne Blätter zerlegen, in kaltes Wasser legen und danach trocken schleudern. Salatherzen beiseite legen.
2.
Sämtliche Zutaten zu einer dickflüssigen Sahnesauce verrühren.
3.
Die gelben Salatherzen vierteilen und mit Zitronensaft, Öl und Salz leicht anmachen und auf 4 Tellern verteilen.
4.
In die Mitte setzt man die pochierten Eier, nappiert mit der Dillsauce und garniert mit einigen schönen Dillzweigen.
5.
Forellenfilets in kleine Stücke schneiden und beim Salat umlegen.

Horst Stank

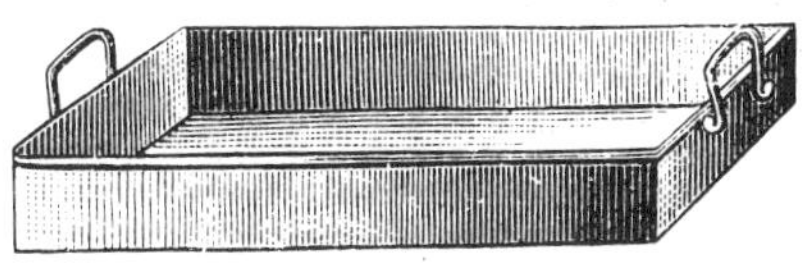

Manfred Merll

Hauptgerichte

Nachteile der Gastronomie
„Du un dei Logale.
Dahemm in de Truh
leije 14 Schnitzele,
un mir fahre in de
Weltgeschicht e rom.“
Heinz Becker

Gefüllter Rettich „Sauce Vinaigrette"

Zutaten:
2 große, weiße Rettiche
100 Gramm Butter
1 Eßlöffel frische Sahne
1/2 Teelöffel Salz
1/4 Teelöffel weißer Pfeffer
100 Gramm Edamer
100 Gramm kalter Schweinebraten
1 Gewürzgurke
2 Eßlöffel gehackte Tomatenpaprika
1/2 Eßlöffel gehackte Petersilie
1/2 Eßlöffel gehackten Schnittlauch

1.
Für dieses Rezept sollten Sie möglichst gleichmäßig geformte, große Rettiche kaufen. Sie werden gut gewaschen, am dicken Ende abgeschnitten. Mit einem Kaffeelöffel nun aushöhlen, oder besser mit einem Grapefruitmesser in kreisender Bewegung ausschneiden.
2.
Die Butter mit der frischen Sahne, Salz und Pfeffer schaumig rühren.
3.
Käse und Braten in kleine Würfel schneiden und zusammen mit der kleingeschnittenen Gewürzgurke beimischen.
4.
Diese Masse, die geschmeidig sein soll, in die Rettiche füllen. Fest mit dem Löffel eindrücken. Dann die gefüllten Rettiche in den Kühlschrank legen und durchkühlen lassen.
5.
Sie werden auf derbem Holzbrett mit einem großen Messer serviert und wie eine Wurst in dicke Scheiben geschnitten. Dazu paßt am besten deftiges Landbrot, Butter und ein helles Bier. Klarer auch.

Thomas Straus

„Omas" Schweinemagen
(Saumagen)

Zutaten:
1 frischer Schweinemagen
300 Gramm Kamm-Salzrippchen
400 Gramm Bratwurst (grob)
3 Eier
1 Zwiebel
Schmalz zum Braten
3 Pfund Kartoffeln
Salz
Pfeffer
Würze
Bohnenkraut
Majoran
Petersilie

1.
Magen innen und außen putzen und wässern.
2.
Kamm-Salzrippchen (gewässert) und die Kartoffeln in Würfel schneiden.
3.
Zwiebel kleinhacken. Mit der Bratwurst und den Eiern mischen.
4.
Mit ca. 4 Eßlöffeln Bohnenkraut, 4 Eßlöffeln Majoran, 1 Eßlöffel Salz, Würze und Pfeffer nach Geschmack würzen.
5.
Den Magen an den kleinen Öffnungen zubinden und durch die große Öffnung füllen, dann diese **zunähen.**
6.
Den Magen mit Wasser bedeckt in einem großen Topf 2 1/2 bis 3 Stunden sieden. Auf den Topfboden einen Teller legen.
7.
Nach dem Garen den Magen in Schmalz goldgelb ausbacken.
8.
Mit grünem Salat servieren.

Monika Jochem

Gefüllter Schweinebauch „François“

Zutaten:

1000 Gramm Schweinebauch
250 Gramm Hackfleisch
1 grobe Bratwurst
1/2 Brötchen
1/2 Hausmacher Leberwurst
Petersilie
Zwiebel
Pfeffer
Salz
Muskat
Curry
Paprika
1 Gewürzgurke

1.
Eine „Tasche“ ins Fleisch schneiden.
2.
Brötchen einweichen und mit den übrigen Zutaten mischen (Gurke würfeln).
3.
Schweinebauch damit füllen und zunähen.
4.
Fleisch mit Senf bestreichen, pfeffern, salzen und mit Knoblauchpulver bestreuen.
5.
In der Pfanne anbraten, etwas Wasser angießen. Schwarte nach unten legen und im Backofen 1 1/2 Stunden garen. Öfter begießen. Wenn nötig etwas Fleischbrühe nachgießen.
6.
Den Bratenfond mit etwas Mehl binden.

Das Fleisch mit Salzkartoffeln und verschiedenen in Butter gedünsteten Gemüsen auf einer Platte servieren. Mit Petersilie bestreuen.

Heidi Konz

Eingemachte Schweineschulter

nach „Lisdorfer Gemüsebauern Art“

Zutaten:

1 kg Schweineschulter ohne Fett und Schwarte
1 Gewürzsäckchen mit Lorbeer, Pfefferkörnern, Nelke, Wacholderbeeren und Gewürzkörnern
1 große Zwiebel in Würfeln
1/16 Liter Öl
1/8 Liter herber Weißwein
40 Gramm Mehl
1/8 Liter Sahne
1 kleiner Blumenkohl
200 Gramm Karotten
1 kleines Kohlräbchen
1/2 kleiner Sellerie
1 Stangen-Lauch
1 Liter Fleischbrühe

Das Fleisch in ca. 40 Gramm große Stücke schneiden und mit dem Öl anbraten, ohne viel Farbe nehmen zu lassen. Die Zwiebelwürfel dazu geben und wenn sie glasig sind mit dem Mehl bestäuben. Das Mehl leicht angehen lassen, mit dem Weißwein ablöschen und mit der Brühe auffüllen. Das Fleisch in der Soße ca. 20 Minuten langsam kochen lassen. Die Karotten, den Sellerie, die Kohlräbchen und den Lauch putzen und in kleine 1 cm große Würfel schneiden, den Blumenkohl in kleine Röschen teilen und alles zusammen zu dem Fleisch geben. Nur noch so lange kochen lassen, daß das Gemüse nicht zu weich ist, es soll noch „Biss“ haben. Vor dem Anrichten die Sahne unterziehen und mit gehackter Petersilie bestreuen.

Karl-Heinz König

Schweinebauchrolle „Stennweiler Art“

mit Gemüse-Semmelfarce gefüllt

Zutaten:

1000 Gramm magerer Schweinebauch
2 trockene Weck
1/4 Liter Milch
2 Eier
1 Karotte
1/2 Sellerieknolle
1/2 Stiel Lauch
Petersilie
Salz
Pfeffer
Muskat
Zwiebel
Dörrfleisch
Kräutermischung
1/4 Liter saure Sahne
oder Crème fraîche

1.
Gemüse kleinschneiden und nicht zu weich kochen.
2.
Knödelmasse herstellen und mit Gemüse mischen.
3.
Schweinebauch aufschneiden zum Rollen.
4.
Mit der Masse bestreichen, rollen und binden.
5.
Im Backofen bei 250-300 Grad 1/2 Stunde garen, dann restl. Zwiebel und Gemüsewürfel dazugeben und nochmals 1/2 Stunde schmoren.
6.
Ablöschen und zugedeckt noch 1/2 Stunde garen lassen.
7.
Sauce sieben, abbinden und mit Kräutern und Sahne verfeinern.

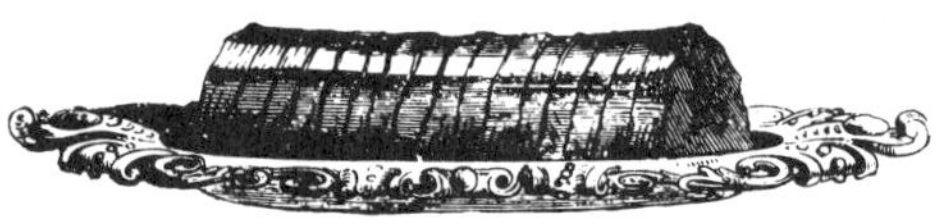

hierzu reicht man

Sandkartoffeln

Zutaten und Zubereitung:
1 kg gepellte Kartoffeln in Butter und Paniermehl rösten.

Siegfried Schwarz

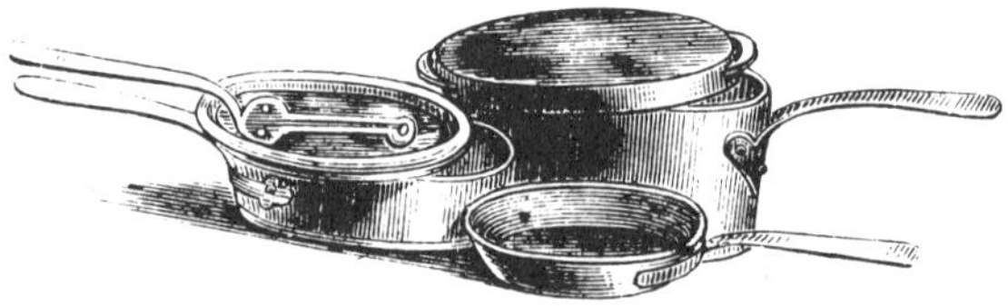

Rohes Schweinegehacktes

nach Art der Saarländischen Metzgermeister

Zutaten pro Person:
150-200 Gramm grobes Schweinehackfleisch
1/2 Teelöffel frisch gemahlener Pfeffer
1 Prise Salz
1 Prise Muskat
1 Eßlöffel gehackte Petersilie
4 Zwiebelringe
1/2 Eigelb

Obige Zutaten werden gut vermischt, portionsweise angerichtet und mit je 4 Zwiebelringen garniert, von denen man 2 in etwas Paprikapulver tauchen kann, damit ein Farbkontrast entsteht.

Dieter Riehm

Saarbrücker Pastetchen

Zutaten:
4 Blätterteigpastetenhüllen
400 Gramm Schweineschulter entbeint
200 Gramm feinstes Bratwurstbrät
40 Gramm Butter
etwas Mehl
1/8 Liter Weißwein
etwas Essig
1/8 Liter Sahne
1 Ei
1/2 Dose Schwarzwurzeln
Gewürze

Schweinefleisch mit 1 Lorbeerblatt, 1/2 geschnittene Zwiebel, etwas Essig, 1 Prise Pastetengewürz in wenig Wasser garen. Abkühlen lassen, evtl. pressen, in kleine Würfel schneiden. Aus dem Bratwurstbrät kleine Klößchen abstechen, die Schwarzwurzeln in kleine 1 cm lange Stücke schneiden. Aus der Butter und dem Mehl eine helle Mehlschwitze bereiten und etwas Knoblauch, dem Wein und der Hälfte der Sahne eine nicht zu dünne Sauce bereiten. Das Fleisch, die Klößchen und die Schwarzwurzeln (müssen nicht sein) dazugeben. Mit der anderen Hälfte Sahne und 1 Eigelb binden. In die Pastetchen geben. Obenauf evtl. 1 Löffel Sauce Hollandaise.

Hanno Decker

Lyonertaler gebacken

Zutaten und Zubereitung:
600 Gramm Lyoner in dünne Scheiben schneiden und panieren. In heißem Fett 2-3 Minuten backen.

Mit Remouladensauce zu Kartoffelsalat servieren.

Artur Rose

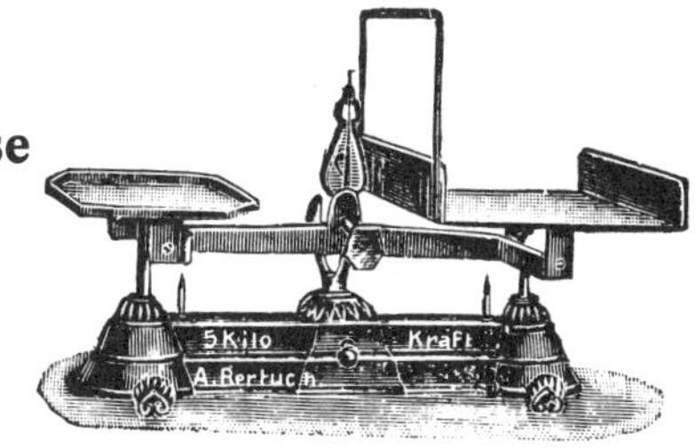

Hochwälder Spießbraten mit Kartoffelsalat

nach Art der saarländischen Hausfrau

Zutaten:
4 magere Kammsteaks zu
je 200-250 Gramm
2 Eßlöffel Öl
1 Eßlöffel Sojasauce
1 Eßlöffel frisch gemahlener
weißer Pfeffer

Aus den drei obigen Zutaten wird eine Marinade bereitet und die Kammsteaks 12-24 Stunden eingelegt. In dieser Zeit sollten sie einige Male gewendet werden. In der „gudd" heißen, geriffelten Grillpfanne werden die Steaks auf beiden Seiten ca. 6-8 Minuten scharf gebraten. Durch mehrmaliges Wenden und Drehen um ca. 90 Grad entsteht ein quadratisches Grillmuster.
Man kann diese Kammsteaks auch auf dem elektrischen Kontaktgrill oder auf dem Holzkohlenrost grillen.

Winfried Emrich

Hohe Rippe mit den Knochen gebraten
nach Art meiner Oma Kätchen

Zutaten:
1500-2000 Gramm Hohe Rippe mit Knochen
1 große Zwiebel
1 Karotte
1/2 Knolle Sellerie
1 Stiel Lauch
2 Eßlöffel Schweineschmalz
2 Kanten dunkles Brot
Pfeffer und Salz
evtl. 1 Tomate

In einen gußeisernen Tiegel gibt man das Schweineschmalz und läßt es siedend heiß werden. Dann gibt man das Fleisch, das aus den ersten 6 Rippen vom Roastbeef geschnitten sein muß und von dem man den Eckknochen oder sogar den ganzen Gratknochen entfernt hat, dazu. Das Hochrippenstück (Ausläufer des Roastbeef zum Hals), bei obigem Gewicht etwa 2-3 Rippen enthaltend, soll gut abgehangen sein und wie ein großes Kotelett geklopft werden. An den oberen Rippen schneidet man das Fleisch ca. 3 cm ein, damit es sich beim Braten etwas zusammenzieht und dabei den Knochen etwas freigibt, der dann wie ein Grill aussieht. Nach dieser Vorbereitung wird es dann mit Pfeffer und Salz gewürzt und von allen Seiten scharf angebraten. Danach gibt man das grobgewürfelte Gemüse und die Zwiebel um das Fleisch und schmort es mit dem Fleisch. Von Zeit zu Zeit begießt man mit etwas Flüssigkeit und läßt sie wieder einbraten. Nach ungefähr 45 Minuten gibt man das dunkle Brot in den Bratentopf, das evtl. mit einer reifen Tomate zu einer dunklen Rinderbratensauce beiträgt.
Nach insgesamt 1-1 1/4 Stunden (je nachdem ob man das Fleisch noch etwas „rosa“ liebt) nimmt man es heraus, stellt es warm und kocht die Sauce mit 1 Tasse Rotwein auf, dickt mit 2 Eßlöffeln Mehl an und siebt sie durch. Das Fleisch schneidet man am Knochen ganz ab und schneidet es wie ein Entrecôte double in Scheiben, setzt es mit dem Knochen dekorativ auf eine aufgewärmte Platte, nappiert mit etwas Sauce, den Rest gibt man in einer Saucière dazu.

Dieter Riehm

„Saarpfälzer“ Schwartenmagen
mit Sauce vinaigrette und Roggenbrötchen

Im Saarpfälzer Raum wird der Hausmacher Schwartenmagen von frischgeschlachteten Eisbeinen und Schweinekopfstücken hergestellt. Er wird, da keine vorgesalzenen Stücke verwendet werden, etwas grau bzw. naturfarben, hat aber durch seine frischen Zutaten ein wunderbares Aroma.
Über eine 2 cm dicke Scheibe dieses Schwartenmagens gibt man ca. 3 Eßlöffel „Sauce vinaigrette“, die folgendermaßen zubereitet wird:

Zutaten:
2 Eßlöffel Schnittlauch, kleingehackt
1 Eßlöffel Zwiebeln, kleingehackt
1 gekochtes Ei, kleingehackt
1 saure Gurke, kleingehackt

Marinade aus:
Salz
Pfeffer
Essig
Öl
1 Eßlöffel Senf

Dazu werden kleine Roggenbrötchen gereicht.

Dieter Riehm

Geräucherter Schweinerücken Nassauer

Saarbrücker Art

(für 4 Personen)

Zutaten:

700 Gramm rohes Kasseler (ohne Knochen)
2 Gläser trockener Weißwein
1 rote Paprikaschote
1 grüne Paprikaschote
1 Zwiebel
1 Stange Lauch
200 Gramm Champignons (frisch)
1 Eßlöffel Butter
2 Eßlöffel Mehl
1/2 Tasse Tomatenpüree
Salz, Pfeffer, Majoran und Basilikum
100 Gramm geriebener Emmentaler Käse

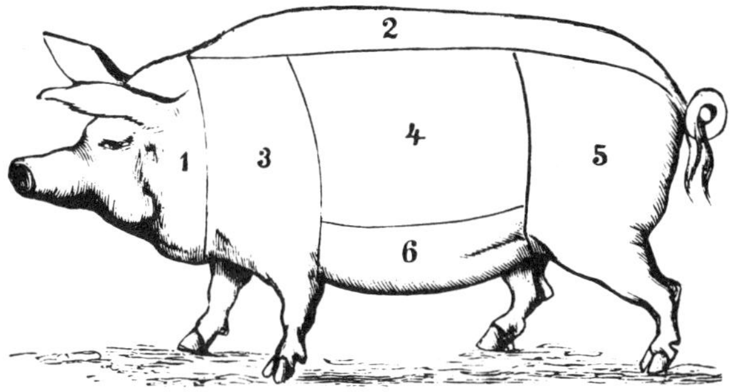

Das Fleisch in Weißwein dünsten (nicht kochen lassen). Danach soll es im Wein abkühlen. Ein dünnes Stück Fleisch braucht nur etwa 20 Minuten, ein dickes Stück ca. 40 Minuten bis es gar ist.

Die Paprikaschote entkernen, in Streifen schneiden und zusammen mit gehackter Zwiebel, Lauchringen und ganzen Champignons in Butter braten. Mit Mehl abstäuben, Tomatenpüree und den Wein in dem das Fleisch gedünstet wurde, zugeben. Zehn Minuten unter stetigem Rühren kochen und mit Salz, Pfeffer und frischen oder getrockneten Gewürzen abschmecken. Das Fleisch in Scheiben schneiden und in eine feuerfeste Form legen. Die Gemüsemischung darüber verteilen und alles mit geriebenem Käse bestreuen.
Die Form im Backofen überbacken bis der Käse goldbraun ist.
Heiß servieren mit Reis oder Weißbrot.
Getränke: Weißwein (trocken), Rosé, Bier.

Ottilie Zimmer

Kalorien

Früher gings beim
Schlachtfest rund.
Das war keineswegs gesund.

Theo Schwab

St. Ingberter Sonntagsbraten

in Altbier geschmort

Zutaten:

800 Gramm Schweinenuß
20 Gramm süße, abgezogene Mandeln
gewürfeltes Wurzelwerk
(Sellerie, Karotte, Zwiebel, Lauch)
Lorbeerblätter, Nelken, Pfefferkörner,
Thymian, Salz und eine Prise Zucker
1 Flasche Altbier
20 Gramm Fett zum Braten
1/2 Dose (klein) Tomatenmark
30 Gramm Mehl
10 Gramm geriebener Honigkuchen
1/8 Liter saure Sahne

Die sauber geputzte Schweinenuß mit den Mandeln spicken und mit dem Wurzelwerk, den Gewürzen und dem Altbier 1 bis 2 Tage einlegen. Dabei muß das Fleisch bedeckt sein.
Das abgetrocknete Fleisch im heißen Fett scharf anbraten, und dann das abpassierte Wurzelwerk mitrösten. Das Fleisch herausnehmen und das Tomatenmark hinzugeben. Gut angehen lassen und mit dem Mehl verrühren. Mit der Marinade auffüllen, das Fleisch mit dem Honigkuchen in die Soße geben und im Rohr gar schmoren. Das Fleisch herausnehmen, in Scheiben schneiden und anrichten. Die Soße abschmecken, abpassieren, mit der sauren Sahne verfeinern und über den Braten geben.

Karl-Heinz König

Gefüllte Pfannkuchenröllchen

„Saarbrücker Art"

200 Gramm Hackfleisch
150 Gramm Hausmacher Leberwurst
40 Gramm Dörrfleisch
1/2 Zwiebel
2 Zehen Knoblauch
Majoran
Oregano
Thymian
Pfeffer
Salz
Pfannkuchenteig für
8 Pfannkuchen, 20 cm Ø

8 Pfannkuchen (dünn) backen, auf dem Tisch ausbreiten, Zwiebel in kleine Würfel schneiden, angehen lassen, Hackfleisch dazugeben, ebenfalls rösten, Leberwurst, Knoblauch und Gewürze dazugeben, unter Umrühren 5 Minuten kochen lassen. Dann auf die Pfannkuchen streichen, rollen, in feuerfeste Form geben, mit Bechamel- oder Tomatensauce bedecken, mit Parmesan oder geriebenem Schweizer Käse bestreuen, überbacken.

Hanno Decker

Alt-Saarlouiser Nudelroulade in Specksoße

Zutaten:
für den Nudelteig:
200 Gramm Mehl
2 ganze Eier
1 Prise Salz

für die Soße:
60 Gramm Dörrfleisch
1 kleine Zwiebel in Würfeln
1/4 Liter Fleischbrühe
30 Gramm Mehl
1/8 Liter Sahne

für die Füllung:
200 Gramm gem. Hackfleisch
2 Karotten
1/4 Sellerieknolle
1 Stangen-Lauch
1 ganzes Ei
Salz,
Pfeffer
Muskat

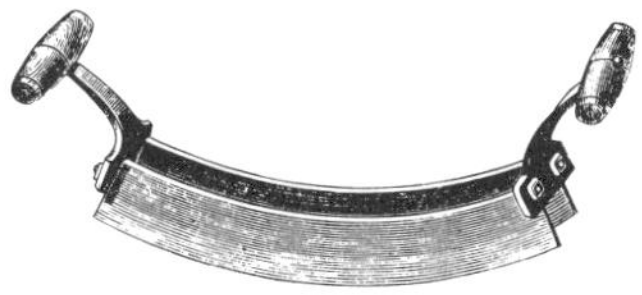

1.
Das Mehl mit den Eiern und Salz zu einem festen Teig kneten.

2.
Mit dem Rollholz oder der Nudelmaschine dünne Teigplatten herstellen.

3.
Für die Füllung, Karotte, Sellerie und Lauch putzen und in sehr feine, nicht zu lange Streifen schneiden.

4.
Zusammen mit dem Fleisch, den Gewürzen und dem Ei vermengen und abschmecken.

5.
Die Fleisch-Gemüse-Masse auf die vorbereiteten Teigplatten dünn auftragen. Eine Rolle herstellen und die Teigenden mit Wasser bestreichen und festdrücken. In Portionsstücke schneiden und in Brühe oder Salzwasser ca. 15 Minuten ziehen lassen. Auf vorgewärmte Teller anrichten.

Die Soße:

1.
Dörrfleisch in Würfel schneiden und leicht anrösten. Die Zwiebel dazu geben und glasig werden lassen.

2.
Nun das Mehl darüberstäuben, kurz angehen lassen und mit der Fleischbrühe auffüllen. Das Mehl auskochen lassen, die Soße abschmecken, mit Sahne verfeinern und über die Nudelroulade geben. Mit gehackter Petersilie bestreuen.

Karl-Heinz König

„Molschder Lyonerkuchen“

Zutaten:
150 Gramm Teig
3 ganze Eier
1/4 Liter Sahne
1/2 Ring Fleischwurst
50 Gramm Dörrfleisch
1/2 große Zwiebel
2 Nelken Knoblauch
50 Gramm Schweizer Käse in Scheiben oder in kleinen Würfeln
Salz
Pfeffer
Muskat
Dillspitzen
Petersilie

Backblech mit Teig auslegen, Speck- und Zwiebelwürfel angehen lassen, 2/3 des in Würfel geschnittenen Ringel Wurst dazugeben, 1 Minute mitrösten lassen, das ausgetretene Fett abgießen, das Ganze auf den Boden geben. Eier, Sahne und Gewürze verrühren, die Hälfte auf Speck und Wurst gießen, 4-5 Scheiben Schweizer Käse darauflegen, die Resteiermasse darauf. Das letzte Drittel der Wurst enthäuten, in Scheiben schneiden und obenauf legen, 15-20 Minuten bei 220 Grad backen.

Hanno Decker

Eingelegtes Schweinefilet im Kartoffelkloß

(für 4 Personen)

Zutaten:
500 Gramm Schweinefilet
150 Gramm Dörrfleisch
1 kg Teig für „Hoorische“
(siehe Seite 122)
1/4 Liter braune Grundsoße
1/4 Liter Bockbier
etwas Zitronensaft

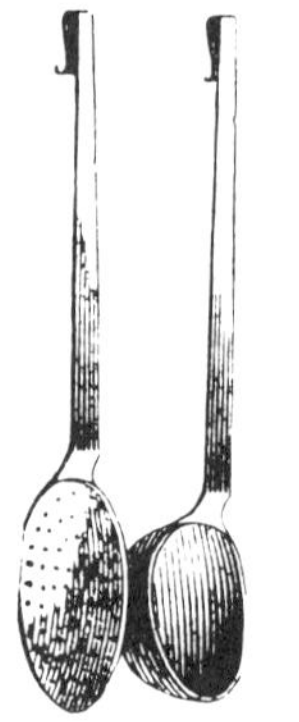

Zum Einlegen:
1/2 Gramm Koriander
2 Lorbeerblätter
1 Nelke
1/2 Gramm Muskat
Petersilie
1 Gramm Majoran
150 Gramm Zwiebeln
1/2 Gramm Pfeffer
1/8 Liter Bockbier

1.
Schweinefilet in 60-70 Gramm schwere Stücke schneiden und in die mit den oben genannten Zutaten hergestellte Tunke 1 Tag einlegen.
2.
Nach einem Tag werden die Schweinefilets herausgenommen und gut abgetrocknet mit einer Scheibe Dörrfleisch umwickelt und kurz angebraten.
3.
Nachdem die Schweinefilets abgekühlt sind, werden sie mit etwa 125 Gramm Kloßmasse umhüllt und in reichlich Salzwasser gegart.
4.
Angerichtet werden die gegarten Klöße in der braunen Grundsoße, die man vorher mit der Tunke und dem 1/4 Liter Bockbier aufkocht und mit etwas Zitronensaft abschmeckt.
Als Beilage eignet sich Wirsinggemüse.

Martin Schneider

Holzer Lackbraten mit Grubenwasser

Zutaten:
1 Kilo Schweinekamm
15 - 18 Wacholderbeeren
3 Knoblauchzehen
1 Liter Wasser
2 Eßlöffel Salz
1 Teelöffel Pfeffer
1 Zweig Thymian
1 Zweig Rosmarin
200 Gramm Mire-Poix (Karotten, Lauch, Sellerie, Zwiebeln)
5 cl Grubenwasser (Kräuterschnaps)
2 Eßlöffel Öl

1.
Fleisch mit den Wacholderbeeren (am besten zerdrückt) und dem geriebenen Knoblauch kräftig einreiben.

2.
Mit dem Wasser, Salz, Pfeffer, Thymian und Rosmarin einen Lack bereiten (alles aufkochen), abkühlen lassen und kalt über das Fleisch gießen.

3.
Nun läßt man das Fleisch einige Tage unter öfterem Wenden in einem geschlossenen Gefäß an einem kühlen Ort stehen.

4.
Den Braten aus dem Lack nehmen und gut abtrocknen.

5.
Dann Öl erhitzen, das Fleisch darin anbraten, Mire-Poix (fein geschnitten) hinzufügen, mitrösten.

6.
Den Lack dann zum Ablöschen des Bratens verwenden.

7.
Nach ca. 50 - 60 Minuten wird der Braten, nachdem er vorher im Backofen bei ca. 180 Grad geschmort wurde, aus der Soße genommen, die Soße abpassiert und auf etwa 2/3 eingekocht.

8.
Nun wird die Soße abgeschmeckt mit Salz, Pfeffer und Grubenwasser.

Gefüllte Kalbsbrust mit Hoorige Knepp auf Schnittlauchsauce

Zutaten:
1 Kilo ausgelöste Kalbsbrust
2 feine Bratwürste
2 Brötchen
1 Eßlöffel Butter
2 Eier
1 kleine Dose 10%ige Kondensmilch
30 Gramm Margarine
100 Gramm grüne Paprikaoliven
1 kleine Flasche Altbier

1.
Man schneidet die Brötchen in kleine Würfel und röstet sie in der goldgelben Butter.

2.
Die Bratwurstmasse aus dem Darm drücken und mit den Würfeln vermengen.

3.
Die Oliven in kleine Scheiben schneiden und ebenfalls dazugeben.

4.
Eier mit einer halben Dose Milch verschlagen und in die Masse einarbeiten. Falls nötig, würzt man jetzt mit Salz und Pfeffer.

5.
Die Masse in die eingeschnittene Tasche der Kalbsbrust füllen, zunähen und von außen mit Butter einpinseln.

6.
Bei 250 Grad etwa 1 1/2 Stunden auf der unteren Schiene schmoren lassen, dabei häufig mit Altbier übergießen.

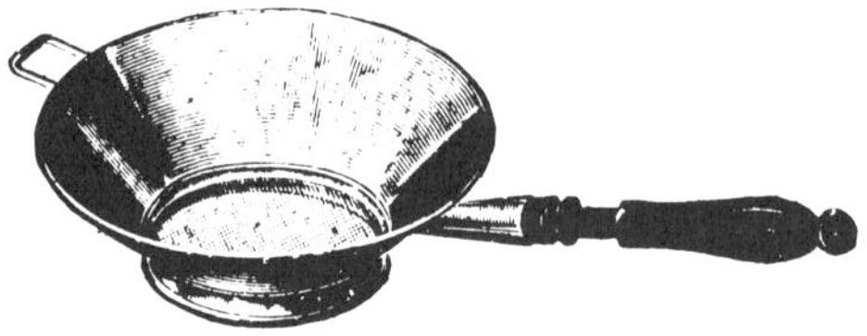

Hoorige Knepp auf Schnittlauchsauce

Zutaten:

700 Gramm rohe Kartoffeln
250 Gramm gekochte Kartoffeln
1 Ei
Salz, Pfeffer
1 Zwiebel
1/2 Brötchen
1 Eßlöffel Mehl
1/2 Liter saure Sahne
2 Eßlöffel Schnittlauch

1.
Die rohen Kartoffeln reiben, in einem Sieb abtropfen lassen.

2.
Die gekochten Kartoffeln kalt werden lassen, dann auch reiben oder durch den Fleischwolf drehen.

3.
Kartoffeln mit Ei mischen, dann salzen und Pfeffern.

4.
Die Zwiebel in den Teig reiben.

5.
Das eingeweichte, gut ausgedrückte Brötchen etwas zerpflücken und ebenfalls hinzugeben.

6.
Alles mischen und mit so viel Mehl verkneten, daß sich der Teig von der Schüssel löst.

7.
Dann Klöße daraus formen und in reichlich siedendem Wasser garen, bis sie an der Oberfläche schwimmen.

8.
Dann noch weitere 2 bis 3 Minuten im Wasser lassen.

9.
Anschließend mit einer Schaumkelle herausheben und in eine Schüssel geben, in der am Boden eine Untertasse liegt.

Die Sauce:
Man läßt den Sauerrahm ein wenig reduzieren, bis er langsam steif wird und gibt dann den gehackten Schnittlauch hinzu. Diese Sauce wird über die Hoorige Knepp gegossen.

Glacierte Netzwürstchen auf gedämpftem Römerlattich

Zutaten:

200 Gramm Kalbfleisch
200 Gramm Schweinefleisch
240 Gramm Magerquark
1 eingeweichte und ausgedrückte Semmel
40 Gramm gehackte, angebratene Zwiebel
1 Ei
Salz
Muskat
Pfeffer
gehackte Petersilie
120 Gramm Schweinenetz, in Wasser aufgeweicht

1.
Das Fleisch und die Semmel durch die feine Scheibe des Fleischwolfs passieren.

2.
Zwiebel, Eier, Gewürze und Petersilie mit dem Fleisch tüchtig verarbeiten.

3.
Die Masse auf angefeuchtetem Tuch zu fingerlangen Würstchen formen.

4.
Diese flachdrücken, jedes Stück in ein entsprechendes Stück Schweinenetz einschlagen.

5.
Die Netzwürstchen in Butter beidseitig gelb rösten. Mit rotem Saarwein ablöschen.

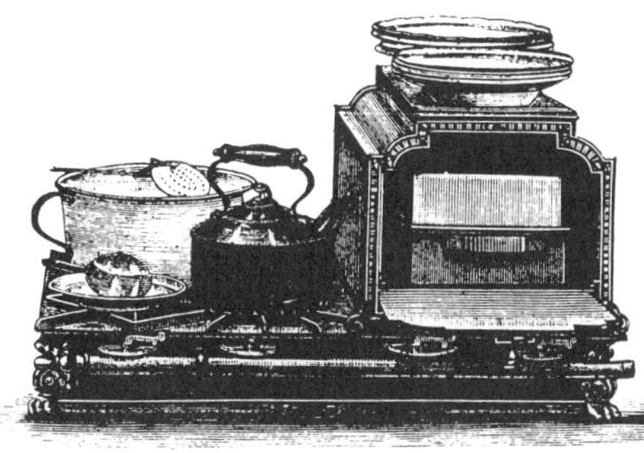

Gedämpfter Römerlattich

(Römersalat)

Zutaten:

800 Gramm Römersalat
1 kleine Zwiebel
Mire-Poix
1 kleine Karotte
Speckschwarte
Salz
Pfeffer
Lorbeer
Nelke
1/2 dl Bouillon

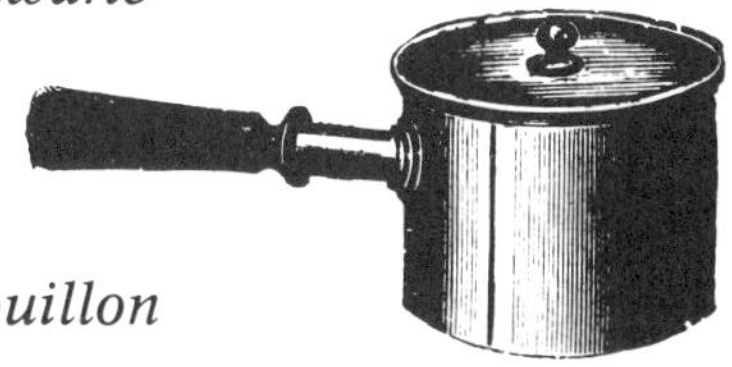

1.
Die in Scheiben geschnittene Zwiebel und Karotte zusammen mit der Speckschwarte in einer Braisière anbraten.

2.
Den gewaschenen Römerlattich darauflegen, mit Bouillon ablöschen, Gewürze dazugeben und zugedeckt für ca. 1 1/2 Stunde dämpfen. Im Fond erkalten lassen.

3.
Den kalten Römersalat einzeln aus der Braisière nehmen, auf einem Brett mit der breiten Seite eines Schlagmessers leicht plattklopfen.

4.
Den ausgeklopften Lattich einem Geschäftsbrief ähnlich dreimal längs zusammenfalten. Die entstandene Form in ca. 2 cm dicke Tranchen schneiden. Kaltstellen.

5.
Vor dem Servieren die benötigte Anzahl von Tranchen in ausgesiebtem Fond erhitzen.

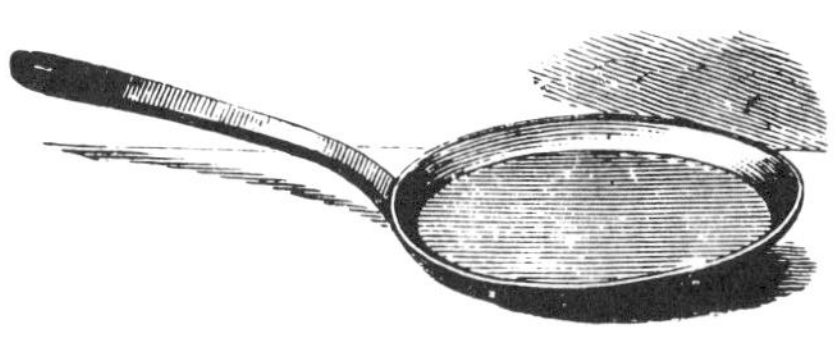

Rotweinsauce in Rindermark

Zutaten:
1 1/2 dl Fleischjus
1/2 dl Rotwein (Saarwein)
1 Eschalotte
1 Markbein, ausgelöst, in Scheiben, gewässert
20 Gramm Butter

1.
Die Netzwürstchen nachdem diese gebraten und mit rotem Saarwein abgelöscht sind, aus der Pfanne nehmen.
2.
Eschalotten und schwarzen Pfeffer dazugeben; reduzieren.
3.
Mit dem Fleischjus auffüllen und reduzieren bis der Geschmack ausgewogen ist.
4.
Mit Butter montieren, vom Feuer nehmen, Markscheiben dazugeben.

Kartoffelküchelchen

Zutaten:
480 Gramm geschälte, in grobe Würfel geschnittene Kartoffeln
2 Eigelb
40 Gramm Kartoffelmehl (Fecule)
Salz
Pfeffer (Muskat)
Öl zum Ausbacken

1.
Die geschälten und in Würfel geschnittenen Kartoffeln in Salzwasser weichkochen.
2.
Wasser abschütten, die Kartoffeln auf dem Herd trocknen!
Danach passieren.
3.
Unter die noch leicht warmen Kartoffelmasse die Eigelb, die Gewürze und das Kartoffelmehl vorsichtig darunterziehen.
4.
Die entstandene Masse auf einem Tisch zu einer ca. 3 cm dicken Rolle formen.
5.
Die Rolle in ca. 2 cm dicke Scheiben schneiden.
6.
Die Scheiben in heißer Pfanne goldgelb herausbacken.

Anrichteart für
glasierte Netzwürstchen
auf gedämpftem Römerlattich, Rotweinsauce mit Rindermark, Kartoffelküchelchen

1.
Die Netzwürstchen backen, die Pfanne deglacieren.
2.
Die Rotweinsauce fertigstellen.
3.
Den Römerlattich im Fond heißmachen.
4.
Die Kartoffelküchelchen ausbacken.

Die fertige Sauce auf den Teller geben, die Markscheiben darumlegen. Zwei Scheiben Lattich auf den Teller legen. Die Netzwürstchen (3 Stück) danebenlegen. Ein bis zwei Kartoffelküchelchen dekorativ dazulegen.

Marcus

Lammrücken „Merziger Art“

Zutaten:

2 kg doppelter Lammrücken
(ohne Knochen, 1 kg)
200 g Kalbsbries
1 Eßlöffel Dijon-Senf
1/2 Teelöffel Bohnenkraut, Basilikum, Knoblauch, Salz, Pfeffer, Lorbeerblatt, Bindfaden
0,5 Liter Rotwein
2 Tomaten
Mire-poix
1/2 Liter Grand Jus
400 Gramm weiße Bohnen, auch Sau- oder Puffbohnen
2 Tomaten
50 Gramm Butter
Salz
Pfeffer
Viezzwiebelmus
40 Gramm Reis
2 mittelgroße Zwiebeln
0,5 Liter Merziger Viez
3 Eßlöffel Sahne
1 Eßlöffel geriebener Käse
Salz
zum Garnieren ein paar bunte Fruchtspießchen

1.
Den Lammrücken von unten her auslösen, so daß man praktisch den Rücken ohne Knochen hat. Allerdings darf der Rücken nicht aufgeschnitten sein.
2.
Anschließend wird der Rücken mit Estragonsenf, den Kräutern und Knoblauch gewürzt.
3.
In der Mitte des Rückens legt man das vorbereitete, blanchierte Kalbsbries und bindet den Lammrücken zu.
4.
Der Lammrücken wird dann von außen gewürzt und im Ofen bei ca. 220 Grad 30-40 Minuten gegart.
5.
Von den Lammknochen wird ein Jus gezogen, welche recht kräftig sein sollte.
6.
Zwiebeln und Reis werden mit Merziger Viez und den Gewürzen gargekocht.
7.
Wenn dieses geschehen ist wird der Zwiebelmus mit Sahne und Salz abgeschmeckt und mit etwas Käse verfeinert.
8.
Der Lammrücken wird dann mit dem Mus bestrichen und im Grill goldgelb überbacken.

Horst Stank

Tournedos „Hidderschdorff"

8 Kartoffeln waschen, schälen, fein reiben, in einem Tuch nicht zu trocken auspressen. 1 Ei, 2 Zwiebeln feingehackt, 1 Eßlöffel Petersilie feingehackt, 100 Gramm Dörrfleisch in kleine Würfel geschnitten zugeben, mit Salz, Pfeffer und Muskat würzen, in 4 Eßlöffel Öl 4 Kartoffelküchlein backen. 4 Filetsteaks salzen, pfeffern, mit Paprika bestreuen (!), in einer Pfanne 2 Eßlöffel Butter haselbraun werden lassen, die Steaks von jeder Seite ca. 1 1/2 Minuten scharf braten, mit 2 cl. Cognac flambieren, Steaks aus der Pfanne nehmen und warm halten. 1 Eßlöffel Butter in den Bratensatz geben, 2 Zwiebeln feingehackt, 1 Lorbeerblatt, 4 Gewürznelken darin glasig dünsten, mit 1/10 Liter Brühe und 1/10 Liter Rotwein ablöschen, Sauce bis zur gewünschten Konsistenz einkochen lassen, mit etwas Thymian und schwarzem Pfeffer abschmecken.

Winfried Emmrich

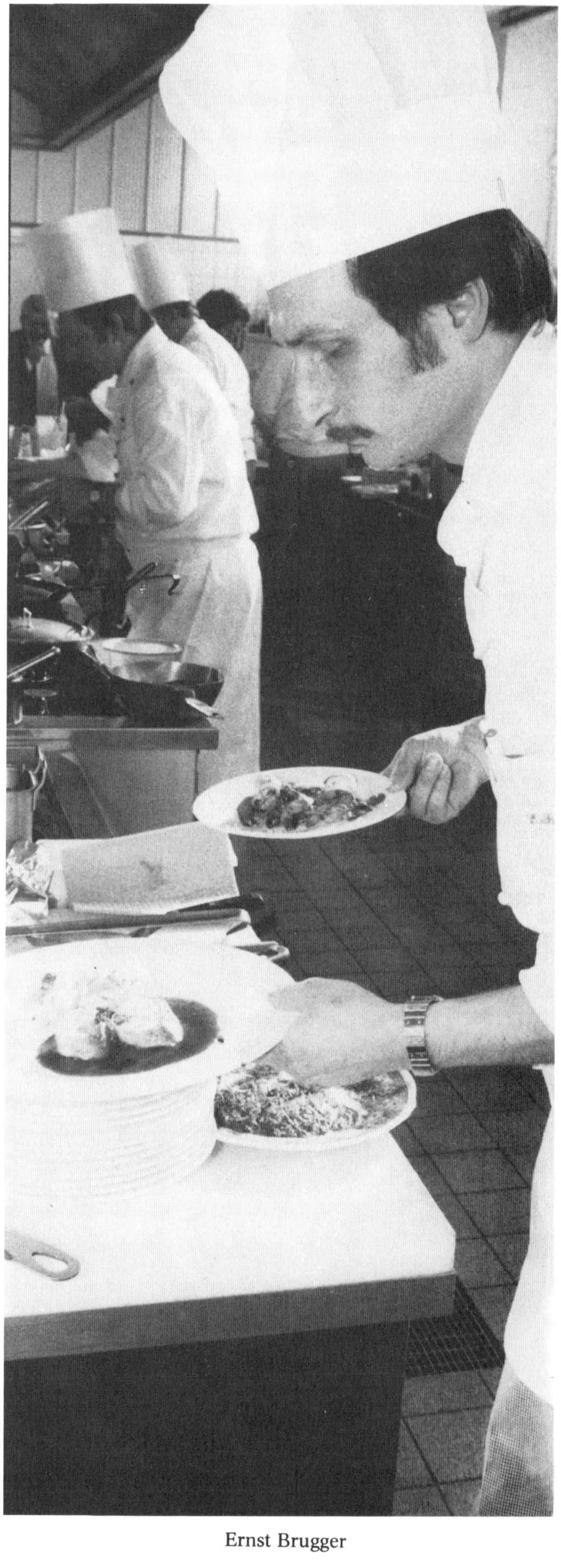

Ernst Brugger

Wild, Geflügel

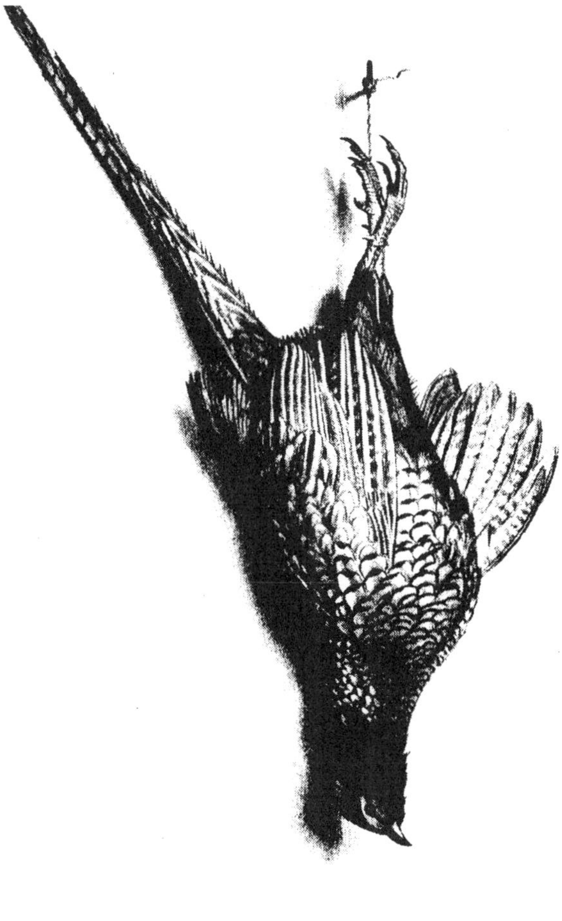

Kaninchenfleisch in Biergelee

Zutaten:
1 Kaninchen ca. 800 Gramm
1 Bund Suppengrün
1/2 Liter Bier hell
Lorbeerblätter
Wacholder
Pfefferkörner
Salz
Blatt Gelatine

zum Klären:
150 Gramm Rinderhackfleisch
2 Eiweiß
würfliges Wurzelwerk

zum Garnieren:
30 Gramm Champignonköpfe gekocht
1 gekochte Karotte
2 gekochte Eier
2 Gewürzgurken

Ca. 1 1/2 Liter Wasser mit dem Suppengrün, den Gewürzen und dem Bier zum Kochen bringen und das zerteilte Kaninchen darin garen. Das Fleisch aus der Brühe nehmen und nachdem es etwas abgekühlt ist von den Kochen lösen und in gleichgroße Stücke schneiden.
Die Brühe auf ca. 1 Liter Flüssigkeit einkochen lassen und kalt stellen. Das Rinderhackfleisch mit dem Wurzelwerk und dem Eiweiß vermengen, auf den Boden eines Topfes verteilen und die erkaltete Brühe darüber geben. Langsam erhitzen, dabei gerinnt das Eiweiß und bindet alle trüben Bestandteile. Den Fond nochmals abschmecken, kurz vor dem Kochen vom Feuer nehmen und die in Wasser eingeweichte Blattgelatine abtropfen lassen und unter die Brühe mischen. Langsam durch ein Passiertuch seien.
In Portionsschüsseln oder Tassen einen dünnen Geleespiegel gießen und fest werden lassen. Darauf mit dem gekochten Ei, den Champignons, der gekochten Karotte und den Gewürzgurken eine hübsche Garnitur legen und mit flüssigem, aber fast kaltem Gelee bedecken. Wieder fest werden lassen und nun die Fleischstücke darauf legen und mit dem Rest des Gelees bedecken. Nach ca. 2 Stunden können die Formen gestürzt werden. Auf Salatblättern anrichten und nach Belieben bunt garnieren.

Karl-Heinz König

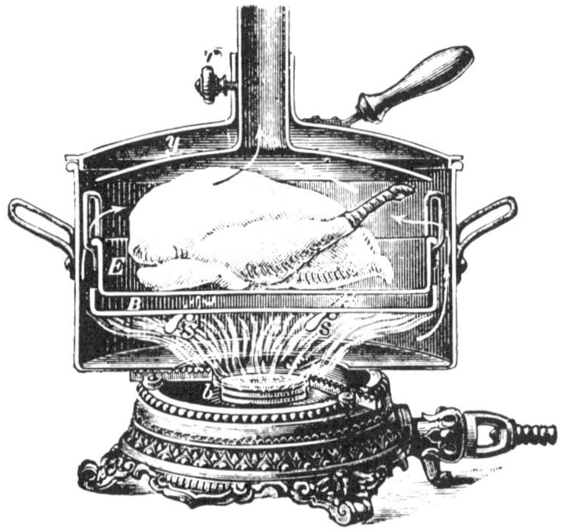

Bliestal-Wildenten
(Rezept für 10 Personen)

5 Wildenten bratfertig herrichten. 1 kg Zwiebeln, 2 kg Äpfel, 500 Gramm Eßkastanien, 500 Gramm frische Champignons, 100 Gramm Petersilie, alles in kleine Würfel schneiden und in Entenfett andünsten, mit 5 Eiern, 500 Gramm Weckmehl, 250 Gramm Preiselbeeren, Salz, Majoran vermischen und in die Wildenten füllen, diese danach zunähen und mit ca. 500 Gramm Speckscheiben völlig umbinden, ca. 3/4 Stunde braten.

Jürgen Jauch

Gefülltes Lammherzchen auf Poree

Zutaten:
4 Stück Lammherzen geöffnet, gewässert
100 Gramm Spickspeck in kleinen Scheiben
1 dl Apfelwein
1 Stück Schalotten geschält und gehackt
1 Sträußchen Thymian gehackt
1 Sträußchen Rosmarin gehackt
1 Knoblauchzehe
1/2 grüner Apfel geschält und in Scheiben geschnitten

3 mittelgroße Stangen Lauch (Poree) geputzt und das Grüne weggeschnitten
25 Gramm Butter
1 Stück Zwiebel gehackt
1 Sträußchen Bohnenkraut
Salz, Pfeffer
1 sorgfältig geschnittenes Mire-poix (Wurzelwerk)

1.
Die Schalotte, die Gewürze, die gehackte Knoblauchzehe, den Apfel mit etwas Salz und Pfeffer in einer Schüssel gut vermengen.
2.
Die Kammern der Herzen füllen, außen mit Spickspeckscheiben belegen und mit einem Bindfaden (wie bei Rouladen) die Herzen zusammenbinden.
3.
Die so zubereiteten Herzen in eine passende Braisiere legen und für 5 Minuten in sehr heißem Ofen anbraten.
4.
Sobald die Herzen Farbe angenommen haben, mit dem Apfelwein ablöschen.
5.
Das Mire-poix dazugeben und das ganz weitere 15 Minuten zugedeckt (mit Alufolie z. B.) schmoren lassen.

1.
Den Lauch ein etwa 5 cm lange Stücke schneiden, gut waschen und in einer Sauteuse mit Butter auf kleinem Feuer ansautieren.
2.
Sobald der Poree eine intensive Farbe annimmt, Zwiebel und Bohnenkraut dazugeben, umrühren, und auf kleinstem Feuer weitere 10 Minuten ziehen lassen.

Anrichten:
Den entstandenen Jus beim Pochieren der Herzen mitsamt dem Mire-poix auf den Teller geben.
Den Bindfaden von den Herzen nehmen. Das Fleisch vorsichtig zusammen mit dem Spickspeck auf den Teller legen.
Den Poree dekorativ darum legen.
Vielleicht ein Sträußchen frisches Bohnenkraut als Dekoration dazugeben.

Dieses Rezept kann auch mit Schweineherzen gekocht werden.

Marcus

Frisches Kaninchen in Weißwein

Karotten-Purée, Wirsing

Zutaten:

1 Kaninchen
1 Kopf Wirsing
4 Schalotten
6 Karotten
50 cl Weißwein (Saar)
2 Zwiebeln
1 Stange Lauch
Lorbeer
2 Eßlöffel Crème-fraîche
50 cl Sahne
100 Gramm Butter
Öl, Kräuter zum Garnieren

1.
Das Kaninchen wie üblich zerlegen. Die Leber und die Nieren reservieren.

2.
Die Keulen hohl auslösen, mit den Knochen, den Zwiebeln, Karotten- und Lauchwürfeln den Fond ansetzen.

3.
Wirsing und Karotten säubern. Karotten zerkleinern und mit etwas Kaninchenfond garkochen. In der Moulinette pürieren, etwas Sahne und Butter dazugeben und abschmecken mit Salz, Pfeffer und Muskat.

4.
Den Wirsing knackig kochen und abgießen. In Streifen von ca. 1 cm schneiden, mit den Schalotten andünsten und abschmecken.

5.
Die Kaninchenteile würzen und braten. Warm stellen. Sie müssen noch rosa sein, damit sie saftig bleiben.

6.
Das Fett abschütten, geschnittene Schalotten in etwas Butter anschwitzen, mit dem Weißwein ablöschen und mit dem Kaninchenfond auffüllen.

7.
Einkochen lassen, Crème-fraîche dazugeben und nochmals einkochen lassen.

8.
Abschmecken und passieren, mit Butter zum Schluß aufmontieren. Ein Tropfen Weißwein noch in die Sauce geben.

9.
Die Leber und die Nieren jetzt auch braten. Mit dem Purée und dem Wirsing schön anrichten.

Jean-Luc Jaeger

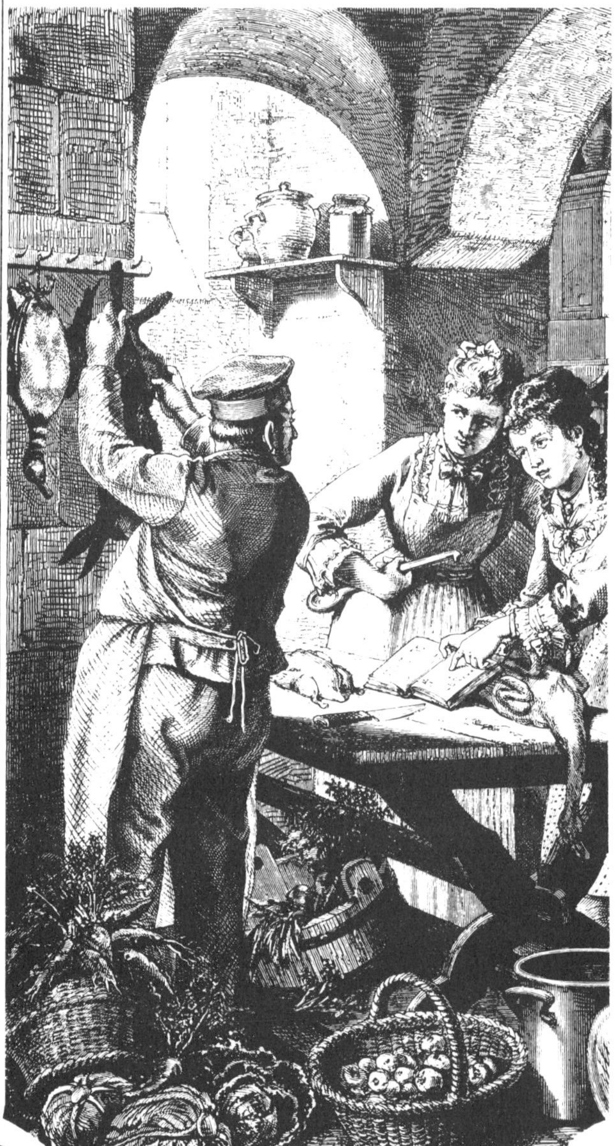

Gedünstete Kalbsbrustschnitten
„Lisdorfer Mädschje"

Zutaten:
4 Kalbsbrustschnitten, ausgebeint
Gewicht ca. 150 Gramm
1/4 Liter dunkles Saarbier
1 Mire-Poix
1 kleine Zwiebel
4 Scheiben mageres Dörrfleisch
Salz, Pfeffer, Lorbeer, 1 Nelke,Tymian
1/2 Liter Kalbsfond (von den Knochen)

200 Gramm Gelbe-Rüben geschält
120 Gramm Weiße-Rüben geschält
200 Gramm Karotten geschält
8 Stück Lauchzwiebeln
frischer Tymian
40 Gramm Butter

1.
Die Fleischstücke in einer Sauteuse mit wenig Öl schnell anbraten.
2.
Danach etwas Kalbsfond dazugießen. Diesen zugedeckt unter öfterem Begießen des Fleisches einkochen lassen.
3.
Das Fleisch mit dem Bier ablöschen, den Rest des Kalbsfonds dazugeben und unter öfterem Begießen im Ofen bei etwa 140 Grad weiterdämpfen.
4.
In letzter Minute das Mire-Poix und die Gewürze beigeben.
5.
Das Fleisch mit dem fast eingekochten Fond überglänzen (glacieren).
6.
Danach die Fleischstücke herausnehmen, etwas Fond und Bier dazugießen.
7.
Den Jus aufkochen und abschmecken.
8.
Das Gemüse (weiße und gelbe Rüben, Karotten) in gleichlange Stifte schneiden.
9.
In Butter ansautieren, mit etwas Bouillon ablöschen und ca. 15 Minuten zugedeckt simmern lassen.
10.
5 Minuten vor der Fertigstellung die ebenfalls in Stifte geschnittenen Lauchzwiebeln und den Tymian dazugeben.

Anrichten:
Den Fleischfond auf den Teller geben. Das glacierte Fleischstück in die Mitte anrichten. Das Gemüse dekorativ darum anrichten. Das Gemüse mit dem Butterpinsel bestreichen. Eventuell ein Ästchen frischen Tymian auf das Fleischstück legen.

Marcus

Giesinger Haselnuß-Hähnchen

Zutaten:
2 frische Hähnchen à ca. 1 kg
Pfeffer und Salz
1/16 Liter Öl
1/16 Liter Buttermilch
2 Teelöffel englischer Senf
40 Gramm Butter
40 Gramm fein geschnittene Brotwürfel
40 Gramm grob gehackte Haselnußkerne

Die Hähnchen halbieren, mit Salz und Pfeffer einreiben, mit Öl bestreichen und in den vorgeheizten Grill schieben. Ca. 20 Minuten grillen lassen und zwischendurch mit dem Tropffett bestreichen. Die Buttermilch mit dem englischen Senf glatt rühren und während der restlichen Garzeit von nochmals ca. 20 Minuten damit die Hähnchen häufig bestreichen.
Die Hähnchen auf einer vorgewärmten Platte anrichten. Die Butter leicht bräunen und die Brotwürfel darin anrösten. Nun die gehackten Haselnußkerne dazu geben und alles über die Hähnchen verteilen.

Karl-Heinz König

Entenbrust „Lisdorfer Au“ in Mandelsahne

Zutaten:

4 Entenbrüste à ca. 150 bis 180 Gramm
1 großer Wirsingkohl
20 Gramm Bratfett
gewürfeltes Wurzelwerk (Sellerie, Zwiebel, Karotte, Lauch)
1/4 Liter herber Weißwein
1/4 Liter Geflügelbrühe
1 große Zwiebel in Würfeln
20 Gramm Mandelsplitter
Salz, Pfeffer, Kümmel ganz

Für die Soße:

20 Gramm Butter
20 Gramm Mehl
1/16 Liter Sahne
2 Eigelb

Den Wirsing in viel Salzwasser mit ein paar Kümmelkörnern fast weich kochen, die Blätter lösen und mit jeweils 2 bis 3 Blatt zu Nestchen zusammen setzen. Die Entenbrust von den Knochen lösen, Pfeffern, Salzen und mit dem Bratfett scharf anbraten. Auf die Wirsingblätter legen, 2/3 der Mandelsplitter und die Würfelzwiebel darüber streuen und zu Rouladen formen. In eine ausgebutterte, feuerfeste Form nebeneinander legen.

Die verbliebenen Knochen in dem Bratensatz mit dem Wurzelwerk anrösten, mit Weißwein ablöschen und mit der Geflügelbrühe auffüllen. Wenn die Knochen ausgekocht sind den Fond auf die Entenrouladen passieren und im Rohr bei kleiner Hitze garen.
Die Brüstchen aus der Form nehmen, etwas abtropfen lassen und auf einer vorgewärmten Platte anrichten.

Die Soße:

Mit Butter und Mehl eine Schwitze herstellen und mit dem verbliebenen Garfond auffüllen. Das Mehl auskochen anrösten und als Garnitur darüber streuen.

Karl-Heinz König

Hähnchen-brüstchen

nach „Saarbrücker Fürsten Art“

Zutaten:

6 Hähnchenbrüstchen
1 Liter Bier
1 Spickzwiebel — *Salz*
1 Kalbfuß klein gehackt — *Pfeffer*

Soße:

4 Eßlöffel Stärkepulver — *2 Eigelb*
6 Eßlöffel Milch — *1/8 Liter Sahne*

1.
Bier, Wasser und Gewürze aufkochen und 30 Minuten köcheln lassen, die mit Salz, Pfeffer gewürzten Hähnchenteile dazugeben.
2.
Weitere 30 Minuten köcheln. Hähnchen entnehmen, heiß stellen. Sud passieren und mit Stärkemehl leicht abbinden.
4.
Die Liaison unterziehen, Hähnchenteile dazugeben. Nicht aufkochen.
Dazu passen Eierspätzle, Teigwaren oder Reis.

Thomas Strauch

Gefüllte Flugente in Kastenform

Zutaten:
1,5-1,7 kg weibliche Flugente
450 Gramm Geflügelbrust ohne Knochen
1/2 Liter Sahne
2 Eiweiß
2 Zwiebeln, Butter
200 Gramm Weißbrot
2 Eigelb
125 Gramm Entenleber
100 Gramm gepökelte Rinderzunge
Majoran, Thymian

1.
Die Ente vom Rücken ausbeinen.
2.
Eine Fleischfarce von der Geflügelbrust und 1/4 Liter Sahne bereiten.
3.
Weißbrot in kleinen Würfeln mit heißer Sahne übergießen, Zwiebeln in Butter hell anbraten.
4.
Entenleber in Butter ansteifen, erkalten und in Würfel schneiden, Rinderzunge ebenfalls klein würfeln.
5.
Mit Gewürzen alles mischen und in die gewürzte Ente füllen, leicht zunähen. Mit der Naht nach unten in gebutterte und mit Senf ausgestrichene Kastenform legen.
6.
Die Brust ebenfalls bestreichen, würzen und im 200 Grad C heißen Ofen anbacken, nach und nach die Temperatur bis auf 100 Grad C drosseln. Mit etwas Bier während der 35- bis 45-minütiger Backzeit beträufeln. Die Brust muß noch saftig, rosa aussehen.
7.
Von der Karkasse eine leicht gebräunte Biersauce herstellen.
8.
Schnittlauchplätzchen von gekochten Kartoffeln, Eigelb, Gewürzen und wenig fein gewürfeltem Schinkenspeck zubereiten. Die Ente kann auch kalt als Ballontine verwendet werden.

Horst Finsterbusch

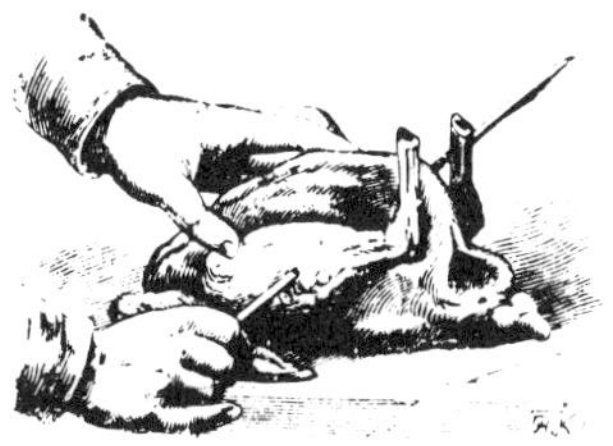

Der kleine Spaß zum Bier vom Faß

Vom Hähnchen, diesem Hausgeflügel entfernt man sauber alle Flügel. Mit Pfeffer (schwarz), Salz etwas Knoblauch gut mariniert nach altem Brauch durch Mehl, Ei und Semmelbrösel.

Die Flügel sind nun schön paniert. Das Fett ist heiß in der Friteuse.

Acht Minuten gut fritiert, dann wird dieser Knusperspaß direkt serviert zum Bier vom Faß.

Artur Rose

Ententopf mit weißen Rüben

Zutaten:
4 ausgelöste Entenbrüste
1/4 dl Weißwein
1/2 feines Mire-Poix (100 Gramm)
Salz, Pfeffer
1 dl Kalbsfond oder Bouillon

320 Gramm weiße Rüben (Nauess)
200 Gramm gelbe Rüben
200 Gramm Kohlrabi
60 Gramm Butter
gehackte Petersilie

1.
Die Entenbrüste in einer heißen Sauteuse anbraten.
2.
Mit Weißwein ablöschen und einreduzieren lassen.
3.
Nach und nach Kalbsfond (Bouillon) dazugeben.
4.
Nach etwa 8-10 Minuten das Mire-Poix dazuschütten. Nochmals einige Minuten simmern lassen. (Die Entenbrüste sollen unbedingt beim Aufschneiden rosa sein!!!)
5.
Entenbrüste herausnehmen, Sauce einreduzieren.

1.
Das in Stifte geschnittene Gemüse in Butter andämpfen.
2.
Mit ganz wenig Butter zugedeckt etwa 15 Minuten simmern lassen.
3.
Mit Salz und Pfeffer abschmecken.

Anrichten:
Die Entenbrust schräg in Tranchen schneiden. Den herauslaufenden Saft unter die Sauce rühren. Die Sauce reduzieren und auf den Teller geben. Die Entenbrust anrichten. Das Gemüse dekorativ darumlegen. Mit dem Butterpinsel glänzen und mit frisch gehackter Petersilie bestreuen.

Marcus

Gefüllte Ente „Maria“

1.
Ente gut waschen, Herz, Leber und der gesäuberte Magen werden mit ca. 200 Gramm Schweinebauch und 100 Gramm magerem Rindfleisch, 1/4 Zwiebel, etwas Petersilie und 1/2 aufgeweichten Weck durch die Fleischmaschine gedreht.
2.
Das Ganze mengt man unter Zugabe von 1 Ei, 1 gehäuften Eßlöffel Mehl zu einer Masse.
3.
Nachdem man die Ente damit gefüllt hat, läßt man sie ca. 1 Stunde mit der Brust nach unten kochen.
4.
Nach dem Kochen bestreut man sie mit Paprika und Salz.
5.
In der Backröhre läßt man sie bei einer Hitze von 100-150 Grad ca. 1 Stunde lang braten.
6.
Dann Ente tranchieren und warm stellen.
7.
Bratenfond mit 1/2 Liter Wasser ablöschen, 2 Eßlöffel Geflügelsoße einrühren, auf kochen und passieren. 1/8 Liter ungesüßte Sahne, den Saft einer ausgedrückten Orange dazugeben.
8.
Ente mit der Soße überziehen und den Rest in einer Sauciere servieren.

Herbert Bonner

Gemüse

Blumenkohlterrine an zarter Käsesauce

Zutaten:

375 Gramm Blumenkohlröschen
etwas Zitronensaft
1 dl Milch
1/2 dl Crème-fraîche
2 Eier
2 Eigelb
Salz, schwarzer Pfeffer, Muskatnuß
25 Gramm Butter

1.
Die Blumenkohlröschen waschen, in kochendem Salzwasser blanchieren, abgießen und abtropfen lassen.
2.
Milch, Crème-fraîche, Eier und Eigelb unterrühren, abschmecken.
3.
Terrinenform ausbuttern, mit Alufolie auslegen, nochmals ausbuttern. Blumenkohl mit der Sauce vermischen und einfüllen.
4.
Im auf 160 Grad vorgeheizten Ofen die Terrine im Wasserbad ca. 40 Minuten garen und danach gut auskühlen lassen.

Käsesauce

Zutaten:
100 Gramm Quark
1/2 Yoghurt natur
1/2 dl. Milch
1/2 dl. Sahne (steif schlagen)
Salz, Pfeffer, Paprika (Pulver)
1/2 Eßlöffel Schalotte gehackt
1/2 Knoblauchzehe gehackt
Schnittlauch feingeschnitten

1.
Quark (Frischkäse), Yoghurt, Milch, Schalotte und Knoblauch in einer Schüssel mit dem Schneebesen sämig vermengen.
2.
Abschmecken, Paprika und geschlagene Sahne mit dem Holzlöffel darunterziehen, Schnittlauch dazugeben.
3.
Kaltstellen!

Anrichten:
1.
Den Teller zart mit der Käsesauce auslegen.
2.
Feingeschnittenen Schnittlauch darüberstreuen.
3.
Ein ca. 1/2 cm dicke Scheibe Blumenkohlterrine auflegen.
4.
Mit 5 Halmen geschnittenen Schnittlauchs ca. 3 cm lang auf einer Seite ausgarnieren.
5.
Eventuell eine Zitronenscheibe beilegen.

Marcus

Blumenkohlgeheimnis mit Salzkartoffeln

Zutaten:
1 großer Blumenkohl
250 Gramm Hackfleisch
1 Semmel
1 Ei,
1 kleine Zwiebel
Salz, Pfeffer, Paprika, Senf, Curry

40 Gramm Fett
40 Gramm Mehl
1/2 Liter Blumenkohlwasser
1 Ei getrennt
5 Eßlöffel Dosenmilch
Salz, wenig Muskat, Pfeffer, etwas Zitronensaft und Weißwein

1.
Blumenkohl in Salzwasser fast garkochen und abkühlen lassen.

2.
Aus Hackfleisch, eingeweichter Semmel, Ei, Zwiebel und Gewürzen einen Fleischteig bereiten.

3.
Den Blumenkohl vom Strunk aus damit füllen (restlichen Fleischteig etwas andrücken).

1.
Aus Mehl, Fett und Blumenkohlbrühe eine helle sämige Soße bereiten, abschmecken.

2.
Mit Eigelb und Dosenmilch legieren.

3.
Eiweiß steif schlagen und unter die fertige Soße heben.

4.
Gefüllten Blumenkohl mit den Röschen nach oben in eine gefettete Auflaufform setzen, mit der Soße überziehen.

5.
Mit Semmelbrösel und Butterlocken belegen und in etwa 30 Minuten bei guter Hitze in der vorgeheizten Backröhre überbacken.

6.
Mit Salzkartoffeln servieren.

Therese Hübgen

Lautzkircher Bohnen

Zutaten:
600 Gramm grüne Bohnen
2 Tomaten
1 Zwiebel
40 Gramm Dörrfleisch

Die Zwiebeln schneiden und mit Butter und Knoblauch andünsten – mit etwa 1/2 Liter Wasser auffüllen.

Den Sud mit weißem Pfeffer, Bohnenkraut und Salz würzen. Die geschnittenen Bohnen hineingeben und etwa 15 Minuten kochen lassen.

Die Tomaten häuten, entkernen, würfeln und zu den Bohnen geben.

Franz-Josef Bettinger

Mangoldsturzensalat

Zutaten:
1,2 bis 1,4 Kilo Mangoldblätter
2 Liter Wasser
60 Gramm Dörrfleisch
1/4 Liter Joghurt
2 - 3 Eßlöffel Essig
1 Eßlöffel Öl
Salz, Pfeffer, Petersilie

1.
Die Mangoldblätter entstielen (sturzen) und diese abziehen. Dann in etwa 2 cm lange Stifte mit 0,5 cm Kantenlänge schneiden.

2.
Das Wasser mit etwas Salz erhitzen und die gewaschenen Mangoldstücke darin blanchieren.

3.
Abschließend mit ausgelassenem Dörrfleisch, Joghurt, Essig, Salz, Pfeffer und feingehackter Petersilie und Öl abschmecken.

Fritierter Mangold

1.
Zum Fritieren brauchen wir ca. 300 Gramm blanchierten Mangold wie oben beschrieben und außerdem ca. 150 Gramm Paniermehl, 2 Eier und Salz, Pfeffer, Zitrone

2.
Aus den Zutaten wird ein Panierteig hergestellt, der Mangold darin paniert und dann in 180 Grad heißem Fett kurz ausgebacken.

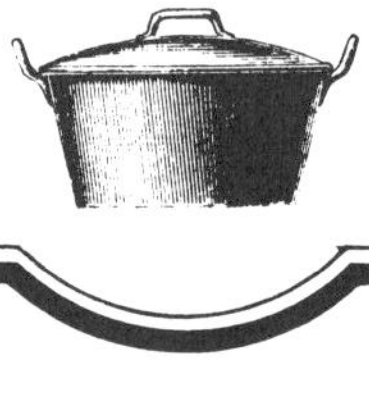

Sau-, Puff- oder weiße Bohnenkerne

1.
Die Bohnenkerne werden gekocht und mit kleingewürfelten Tomatenstückchen in Butter geschwenkt.

2.
Mit Salz, weißem Pfeffer nicht zu stark abschmecken, da sonst die Harmonie mit dem Lammrücken und dem Viezmus verlorengeht.

Horst Stank

Möhrchen und feine Bohnen

500 Gramm Möhren waschen, abbürsten und in Streifen schneiden, in 2 Liter Salzwasser ca. 6-8 Minuten blanchieren, abgießen, in einem Topf 1 Zwiebel feingehackt in 2 Eßlöffel Butter dünsten und 1 Teelöffel Zucker zugeben und die Möhren durchschwenken.
500 Gramm Prinzessbohnen waschen, Stengel entfernen, in 2 Liter Salzwasser ca. 3-4 Minuten blanchieren, in ein Sieb geben und dieses sofort in bereitgestelltes Eiswasser tauchen. 2 Zwiebeln feingehackt, 100 Gramm Dörrfleisch, 1 Knoblauchzehe feingehackt, mit feinem Salz zerstoßen, in 2 Eßlöffel Butter glasig dünsten, Bohnen durchschwenken.

Winfried Emrich

Blattspinatleibchen

Zutaten:
500 Gramm Blattspinat
2 Zwiebeln
50 Gramm geriebener Käse
(zum Überbacken)
20 Gramm Margarine
Salz, Pfeffer, Muskat

1.
Spinat putzen und waschen, kurz abblanchieren und auf ein Sieb schütten, Flüssigkeit ganz entziehen.

2.
Die Zwiebeln schälen und würfeln.

3.
In der Margarine die Zwiebeln dämpfen, den Spinat hinzugeben, abschmecken und mit einem Suppenlöffel kleine Leibchen formen und auf die Platte setzen.

4.
Mit geriebenem Käse überstreuen und kurz im Grill überbacken.

Kurt Haas

Rosenkohl aus Lisdorf

Zutaten:
ca. 1 kg Rosenkohl, geputzt
100 Gramm Räucherspeck
1 Zwiebel
1 Teelöffel Salz, 1 Prise Pfeffer
2 Eßlöffel Mehl, 1 Prise Muskat
1 Brühwürfel, 1/2 Becher Sahne

1.
In kochendem Salzwasser läßt man den Rosenkohl ca. 15 Minuten kochen, schüttet ihn auf ein Sieb und hebt etwas von der Brühe auf.

2.
Dann gibt man in einen Topf den feingewürfelten Speck, danach die Zwiebel und läßt beides etwas glasig werden.

3.
Dann bestäubt man mit dem Mehl und füllt mit 4 Tassen des Kochwassers auf, dem man den Brühwürfel zugibt und einmal aufkochen läßt, um anschließend den Rosenkohl darin warm werden zu lassen.

4.
Vor dem Servieren gibt man den Rahm dazu.

Dieter Riehm

Deschgebet
Mai lejwa Gott,
aich kann da saan,
wat aich en Kooldamp han!
Alfred Gulden

Rotkrautbällchen

Zutaten:

750 Gramm Rotkraut
330 Gramm Glas
oder frische Rote Bete
125 Gramm Dörrfleisch
150 Gramm Zwiebeln
1 Zehe Knoblauch
150 Gramm Äpfel
10 Stück Apfelringe
Essig, Entenfett, Nelkenpulver,
gerieb. Lorbeerblatt, Fleischbrühe

1.
12 große Rotkohlblätter in Essig-Salzwasser blanchieren, Rispen entfernen.

2.
Restliches Rotkraut in feinen Streifen mit 100 Gramm Zwiebelsscheiben, 1/2 Menge Dörrfleisch anbraten, Entenfett, Rote Betesaft und etwas Brühe andünsten.

3.
Rest Dörrfleisch mit Entenfett gut ausbraten, Knoblauch, Apfel- und Rote Betestreifen dazu und alles zum fertigen Rotkraut geben.

4.
Die großen Blätter auslegen, obige fertige Rotkrautmasse verteilen, in passender Saucenkelle kleine Bällchen formen.

5.
In eine mit Fett und Zwiebelscheiben vorbereitete Pfanne legen und mit etwas Brühe fertiggaren.

6.
Auf leicht angebratenen Apfelringen servieren.

Horst Finsterbusch

In der Küche des Hofgutes Antz in Weiskirchen

Kappestiertes

(der Name kommt aus dem Raum der unteren Saar, Haustädter Tal - Mettlach)

Zutaten:

1 Kopf Weißkohl (1000 - 1250 g)
1 Kilo Kartoffeln
1 Kilo Schweinebauch
2 große Zwiebeln
1 Eßlöffel Schmalz
1 Teelöffel Brühpastete
Salz, Pfeffer, Muskat

1.
Den Weißkohl grob schneiden, waschen, mit Wasser und etwas Salz kochen.

2.
In der Zwischenzeit brät man den Schweinebauch mit dem Schmalz und den Zwiebeln an und gibt alles auf den Weißkohl.

3.
Danach gibt man die länglich geschnittenen Kartoffeln dazu und läßt gut kochen bis das Fleisch weich ist.

4.
Nun schneidet man das Fleisch in große Scheiben und serviert mit dem „Weißkohleintopf".

Das Originelle an diesem Gericht ist, daß man ein ganzes Stück Fleisch serviert und nicht kleingeschnittenes (Abschnitte etc.).

Eine andere Version kann mit Dörrfleisch oder rohen Mettwürsten gemacht werden. Dann sollte aber vorher das Fleisch bzw. die Wurst vorgekocht werden, damit es mit der Beilage gar ist.

Wirsinggemüse

Zutaten:

1 Kilo Wirsing
1 Zwiebel
100 Gramm Dörrfleisch
1/8 Liter Fleischbrühe
1/4 Liter saure Sahne
Salz, Pfeffer, Muskat

1.
Wirsing in 2 cm große Würfel schneiden.

2.
Dörrfleisch kleinwürfelig schneiden und auslassen. Zwiebel kleinschneiden und mit glasig dünsten.

3.
Fleischbrühe beigeben und den Wirsing darin gardünsten.

4.
Mit Salz, Pfeffer und Muskat abschmecken.

5.
Zum Schluß mit etwas saurer Sahne aufmontieren.

Martin Schneider

Lisdorfer Roulade

Zutaten:
4 große Rotkrautblätter
4 Scheiben Dörrfleisch
4 kleinere Weißkrautblätter
4 Scheiben Schweinelende à 100 g

Farce:
100 Gramm gekochter Schinken

50 Gramm Zwiebeln

1/8 Liter Rotwein

1/8 Liter Rahm

Petersilie, Schnittlauch
4 Eigelb
100 Gramm gemischtes Hackfleisch
Salz, Pfeffer

1.
Schinken- und Zwiebelwürfel andünsten.

2.
Mit Rotwein und Rahm ablöschen. Etwas einkochen.

3.
Petersilie, Schnittlauch und die 4 Eigelb dazugeben.

4.
Vom Herd nehmen und mit 100 Gramm Hackfleisch mischen.

Sauce:
Aus 100 Gramm Zwiebeln, 1/4 Liter Rotwein, 1/4 Liter Sahne, Mehl und Butter eine Sauce zubereiten. Mit etwa 1/4 Liter Weißkrautbrühe auffüllen.

Rouladen:
1.
Rotkrautblätter mit Farce bestreichen, abgebrühte Weißkrautblätter darauf legen.

2.
Hierauf in Dörrfleisch eingerolltes Lendenstück legen und dann zusammenrollen und binden.

3.
Rouladen in die vorbereitete Sauce legen und ca. 1/2 Stunde leicht köcheln lassen.

4.
Rouladen herausnehmen, in eine gefettet Form legen und in der Bratröhre mit Käse belegt ca. 1/2 Stunde bei 180 - 200 Grad backen.

5.
Die Sauce nebenbei etwa auf die Hälfte reduzieren und gegebenenfalls mit Mehlbutter etwas andicken.

6.
Getrennt von den Rouladen servieren.

Siegfried Schwarz

Priorität
„Ihr Määde,
ihr brauche eiere Männer
nit alles sahn.
Ihr misse ne nur
von allem se esse genn."
saarl. Lebensmaxime

Kartoffelgerichte

Die Hobbyköchin Christel Ludwig mit Küchenchef Manfred Schmitt in Wadgassen

Saure Kartoffeln

Zutaten:
600 Gramm Kartoffeln
3 Eßlöffel Butter
2 Eßlöffel Mehl
1 Tasse Milch
1/4 Liter Sahne
100 Gramm Zwiebeln in Würfel
100 Gramm Lauch in feinen Streifen
2 - 3 Eßlöffel Essig,
Salz, Pfeffer, Muskat
1 Tasse Bouillon

1.
Die Kartoffeln schneiden und in kleine Würfel mit ca. 1/2 cm Kantenlänge schneiden, bis auf etwa 2/3 abkochen.

2.
Butter in einem Topf erhitzen und Zwiebeln mit Lauch anschwitzen (ohne Farbe), mit Mehl bestäuben und mit kalter Bouillon ablöschen.

3.
Mit Milch auffüllen und gut durchkochen. Zum Schluß mit Salz, Pfeffer und Sahne abschmecken. Die Kartoffeln dazugeben und dann mit Essig, je nach Geschmack säuern.

Kartoffellauch-plätzchen

Zutaten:
4 mittelgroße Kartoffeln
1/2 Stange Lauch
2 Eier
4 cl Sahne, 2 cl Milch,
Salz, Muskat, Olivenöl

1.
Kartoffeln kochen und passieren, dann mit Eiern, Sahne und Milch vermengen, mit Salz und Muskat abschmecken.
2.
Den vorher kurz sautierten Lauch hinzufügen, die Masse eine Stunde ruhen lassen.
3.
Dann werden ca. fünf Mark große Plätzchen geformt und in einer Gußpfanne (nach Möglichkeit mit Olivenöl) goldgelb gebraten.

Horst Strank

Selbstbewußt
Die Thieringer mit ihre Klees,
die kenne baade gehn,
denn jed'
Saabrigger Lieblingsspreis
is wie die Schdadt so scheen.
Günther Frey

Kartoffelsalat

Zutaten:
2 kg festkochende Kartoffeln
1/4 Pfund fettes Dörrfleisch oder Speck
1 große Zwiebel
3 Eßlöffel Öl
Essig, 1/4 Liter Brühe
Pfeffer und Salz
Petersilie
1 gekochtes Ei
evtl. 1 Teelöffel Mehl

Kartoffeln mit einem Teelöffel Salz kochen, pellen, in Scheiben schneiden. Speck oder Dörrfleisch und die Zwiebel in feinste Würfel schneiden, in einem kleinen Topf anbraten, das herausgebratene Schmalz absieben, Speck und Zwiebel wieder in den Topf geben, ca. 3-4 Eßlöffel Öl dazutun, evtl. einen Teelöffel Mehl darüberstäuben (nicht nötig, wenn die Kartoffeln mehlig sind).

Dieter Riehm

Grumbeer-kieschelcher

Zutaten:
2 kg große Kartoffeln
1 eingeweichtes Brötchen
1-2 Eier
etwas Mehl
etwas fein geschnittener Lauch oder Zwiebeln
etwas Salz

Die geschälten Kartoffeln werden rasch gerieben, man gibt Salz hinzu, das gut ausgedrückte Brötchen, etwas Mehl, die Eier und den Lauch und die Zwiebeln. Man rührt den Teig gut durch und bäckt in heißem Fett kleine Pfannkuchen auf beiden Seiten braun.

Gefüllte Grumbeere

Zutaten:
6 - 8 Stück dicke Kartoffeln
250 Gramm Hackfleisch
1/2 Weck (eingeweicht)
Zwiebel, Salz, Pfeffer

1.
Hackfleisch mit eingeweichtem Weck, kleingehackter Zwiebel, Salz und Pfeffer mischen.

2.
Kartoffel schälen, einen Deckel abschneiden und dann die Kartoffel aushöhlen.

3.
Das vorbereitete Hackfleisch einfüllen. Deckel aufsetzen.

4.
Kartoffeln in eine mit Fett vorbereitete Pfanne setzen. Ungefähr 1 Stunde weich garen lassen.

5.
Mit Möhrengemüse oder Kopfsalat servieren.

Katharina Balzert

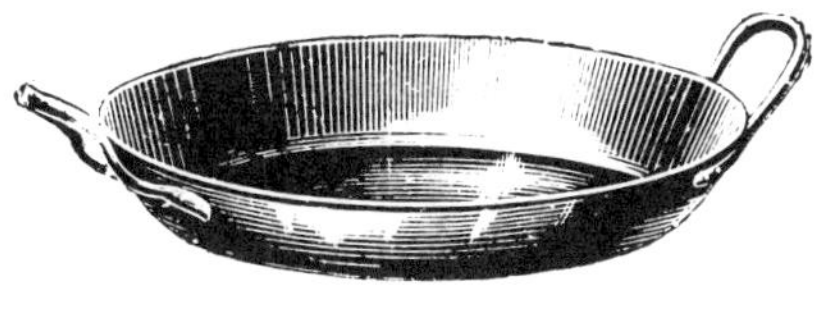

Früher

Die Haushaltskasse war nie voll,
öfer der Gatte,
wenn der Wirt der Gaststätte
vor dem nächsten
Hütten- und Grubentor
die Hand auf die Hälfte der
Lohntüte gelegt hatte.

Charly Lehnert

Gefüllte Klöße mit Speckrahmsauce

auf Sauerkraut in „Saarländischem Winzersekt" gedünstet

Kloßteig für „Hoorische"
(siehe Seite 109)

Zutaten für die Füllung:
200 Gramm Schweinehackfleisch
1/2 Brötchen, eingeweicht, gut ausgedrückt
200 Gramm grobe „Hausmacher" Leberwurst
2 Eier
Pfeffer, Salz, Muskat

Diese Zutaten mit dem Handmixer gut durcharbeiten, etwa walnußgroße Kugeln formen und in die vorbereiteten Kartoffelklöße geben. Der fertige Kloß sollte einen Durchmesser von 7-8 cm haben. Bitte darauf achten, daß die Klöße eine glatte Oberfläche haben, damit sie beim Kochen nicht aufplatzen. Dann in sprudelndes Salzwasser geben und ca. 20 Minuten darin ziehen lassen.

In dieser Zeit brät man 150 Gramm Speck und eine große, feingewürfelte Zwiebel glasig, bestäubt das ganze mit 1 Teelöffel Mehl und gibt 1/2 Tasse Bratensauce und 1/2 Becher Sahne dazu. Diese Speckrahmsauce wird über die fertiggekochten Klöße gegeben (pro Person etwa 2-3) und mit dem Sauerkraut, das man wie folgt zubereitet, serviert.

Zutaten:
1 Kilo Sauerkraut
1 Eßlöffel Schmalz
1 Zwiebel
1 Lorbeerblatt
1 Nelke
1 Prise Pfeffer
1/2 Flasche trockenen Saar-Winzersekt

Die in Scheiben geschnittene Zwiebel mit dem Schmalz glasig werden lassen. Die Hälfte des Sekts dazugeben, mit einer Gabel das Sauerkraut locker aus der Dose in den Topf geben, mit den Gewürzen abschmecken, einmal kurz aufkochen lassen. Zum Schluß den restlichen Sekt darübergießen, noch einmal erhitzen und servieren.

Dieter Riehm

Lyoner-Kartoffeln

Zutaten:
800 Gramm Kartoffeln, geschält
120 Gramm Lyoner
120 Gramm Zwiebeln

Die Kartoffeln und den Lyoner in Würfel schneiden, die Zwiebel hacken. Butterschmalz in einer flachen Pfanne erhitzen und die nach dem Schneiden gewaschenen Kartoffeln abgetropft in das heiße Fett geben und öfter mit dem Spachtel umrühren (am besten in den Backofen geben).
Nach etwa 15 Minuten den Lyoner und die Zwiebeln dazugeben. Mit Salz und Pfeffer würzen.
Danach noch ca. 10 Minuten weiter braten lassen.

Franz-Josef Bettinger

Lyonerfeschd
Heute Abend is Lyonerfeschd,
wo sich manches gut bereden läßt.
Bei Lyoner, Bier unn Amora,
sinn mir alle dicke da."
Neu-saarl. Volkslied

Kartoffelplätzchen

Zutaten:
1/2 Liter Wasser
150 Gramm Butter
250 Gramm Mehl
8 Eier
500 Gramm gekochte Kartoffeln
Salz, Muskat

1.
Wasser und Butter aufkochen.

2.
Mehl unterrühren.

3.
Eier nach und nach dazugeben.

4.
Kartoffeln dazugeben und mit Salz und Muskat würzen. Kräftig durchrühren.

5.
Spritzbeutel mit Sterntülle füllen.

6.
Masse auf ein Backblech in Form einer Rosette spritzen und bei 250 Grad im Backofen backen.

Siegfried Schwarz

Hoorische

Zutaten:
1 Kilo Kartoffeln
1/2 Zwiebel
Salz

Man nimmt dazu 2/3 rohe und 1/3 am Tag vorher gekochte Kartoffeln. Die rohen Kartoffeln werden gerieben, zum Austropfen auf ein Sieb gegeben, dem man eine Schüssel unterstellt. In der Schüssel setzt sich die Stärke ab, die man später zum Kartoffelteig gibt. Die rohen geriebenen Kartoffeln schüttet man in ein Säckchen und preßt sie mit den Händen kräftig aus.

Dann werden die gekochten Kartoffeln durch den Fleischwolf gedreht **oder** ebenfalls gerieben.

Die ausgepreßten rohen und die geriebenen gekochten Kartoffeln gibt man nun zusammen in eine Schüssel, dazu kommt die kleingeschnittene Zwiebel, Salz und die Stärke.

Wenn man alles gut vermischt hat, formt man aus dem Teig längliche oder runde Klöße, gibt sie in kochendes Salzwasser, läßt sie etwa 10 Minuten leicht kochen und weitere 10 Minuten ziehen.

Lucia Jungfleisch

Annas Kartoffelauflauf

Zutaten:
500 Gramm geschälte Kartoffeln
200 Gramm Butter, geklärt
Salz, Pfeffer,
4 kleine Timbale-Formen

1.
In gleich große runde, 3 mm dicke Scheiben geschnittene Kartoffeln mit Salz, Pfeffer und etwas flüssiger Butter gut vermischen.

2.
Schichtenweise in die Timbale-Förmchen einfüllen.

3.
Die geklärte Butter darübergießen. In gut heißem Ofen ausbacken.

4.
Danach stürzen. Die überflüssige Butter abtropfen lassen.

Vorsicht! Nicht Blanchieren!!

Marcus

Dibbelabbes nature

Zutaten:
1 kg Kartoffeln
1 Stange Lauch
Salz
Pfeffer
Muskat
Ei
Petersilie und/oder Majoran
125 Gramm Dörrfleisch oder Schinken

Das Dörrfleisch bzw. der Schinken wird klein geschnitten und in einem gußeisernen Bräter ausgelassen. Die „Griebchen" mischt man zusammen mit dem feingeschnittenen Lauch, dem Ei, der Petersilie bzw. dem Majoran und den Gewürzen unter die geriebenen und fest ausgedrückten, rohen Kartoffeln. Dann füllt man die Masse in den Bräter und läßt den Dibbelabbes etwa 2 Stunden bei 200 Grad im Backofen schön knusprig braten.

Stupperte

Zutaten:
800 Gramm geschälte Kartoffeln
100 Gramm Milch
100 Gramm Speck
40 Gramm Mehl
Gewürze:
Salz, Pfeffer, Muskat

1.
Die Kartoffeln waschen, schälen und solange in Salzwasser kochen bis sie zerfallen.
2.
Die Kartoffeln passieren und würzen, mit der Milch mischen, so daß ein glatter aber fester Teig entsteht.
3.
Den Speck würfeln und anbraten.
4.
Einen Eßlöffel in das Fett tauchen und einen Kloß abstechen.
5.
Vor jedem Kloß den Löffel in das Fett tauchen.
6.
Die Klöße kurz mit den Speckwürfeln überziehen.

Kurt Haas

Gedünstete Kartoffelscheiben mit frischen Gartenkräutern

Kartoffeln in Scheiben schneiden, in gebutterter, feuerfester Form gleichmäßig anrichten, helle Fleischbrühe, mit Kräutern gemischt, bedecken und im Ofen bei 200 Grad garen.

„Iwwer die Platt Geschmelzte"

Zutaten:
etwa 1000-1200 Gramm Kartoffeln
0,5 Liter Milchrahm, (süße Sahne)
1 Zwiebel
etwas Butter
750 Gramm Lyoner im Ring

1.
Die geschälten Kartoffeln in Stifte schneiden und im Salzwasser nicht zu weich kochen.
2.
In eine Schüssel geben und mit dem dicken Milchrahm, sowie in der Butter gebräunten Zwiebelwürfeln übergießen.
3.
Dazu die heiße in Portionen geschnittene Lyoner.

Hans-Peter Blees

Grumbeerekuche

Zutaten:
250 Gramm Mehl
1 Würfel Hefe
1/4 Liter Milch

Bereite hiervon einen Hefeteig, lasse ihn gut gehen. Inzwischen **rohe Kartoffeln** schälen und reiben. Auf einem Haarsieb den Saft abtropfen lassen.
Ist der Teig gegangen, menge die Kartoffeln unter den Hefeteig, drücke den weichen Teig auf ein gefettetes Kuchenblech. Dann übergieße ihn leicht mit **Salatöl.** Bestreue ihn mit grobem **Salz** und rädele mit dem Kuchenrädchen verschobene Quadrate.
Backe ihn schön goldgelb aus.
(20-30 Minuten bei 200 Grad)

Hedwig Piechotta

Nachspeisen

Omas Apfelcharlotte

Zutaten:
3 große Reinetten-Äpfel
1/2 Kastenbrot in Scheiben
60 Gramm Zucker
40 Gramm Rosinen
60 Gramm Butter
1/4 Glas Weißwein (1/4 dl) Saarwein trocken
Zitronensaft, Zimt

Auf den Boden einer großen Timbala-Form zwei in zerlassene Butter getauchte Brotscheiben legen, so daß der ganze Boden bedeckt ist.
2.
Ungefähr 2 cm breite Brotstreifen in der Länge der Höhe der Form entsprechend ebenfalls in die flüssige Butter tauchen. Mit diesen Streifen die Wand der Form dachziegelartig auslegen.
3.
Geschälte und feingeschnittene Reinetten-Äpfel unter Beigabe von Zucker, Rosinen, Weinbeeren, Zitronensaft und Zimt etwas andämpfen.
4.
Die Masse in die ausgelegte Form einfüllen und leicht zusammenpressen.
5.
Eine gebutterte Brotscheibe oben auflegen und die Charlotte 30 Minuten in 190 Grad heißen Ofen backen.
6.
Abkühlen lassen, stürzen und lauwarm servieren.

Marcus

Apfelschnee

Zutaten:
4 Äpfel
1 Beutel Sahne
etwas Zucker, Zimt, Apfelschnaps

1.
Geschälte und entkernte Äpfel fast gar dünsten.
2.
Mit einer Gabel zerdrücken.
3.
Etwas Apfelschnaps und Zucker zufügen.
4.
Nun die geschlagene Sahne zufügen.
5.
Mit Schokoladeraspel garniert servieren.

Monika Jochem

Apfelwein-Creme

Zutaten:
1/4 Liter Apfelwein
6 Bl. Gelatine
4 Eigelb
75 Gramm Zucker
1/8 Liter Apfelsaft
2 Eiweiß
1/4 Liter Sahne
4 cl Apfelkorn

1.
Gelatine in kaltem Wasser einweichen.
2.
Eigelb mit Zucker cremig rühren.
3.
Apfelwein und -saft daruntergeben und im Wasserbad aufschlagen.
4.
Gelatine unter die noch warme Creme rühren.
5.
Zum Schluß geschlagene Eiweiß und geschlagene Sahne unterheben und den Apfelkorn dazugeben.
6.
In Gläser füllen und erkalten lassen.

Siegfried Schwarz

Gefüllter Backapfel mit Vanillensauce

Zutaten:
4 Äpfel
80 Gramm Butter
80 Gramm Rosinen
80 Gramm Nüsse
Zucker, Zimt, Zitronensaft,
3 dl Milch
4 Eigelb
80 Gramm Zucker
20 Gramm Stärkemehl
1 Päck. Vanillenzucker

1.
Äpfel werden ausgestochen, mit Rosinen, Nüssen gefüllt, mit Zucker und Zimt bestreut.
2.
Danach werden die Äpfel in einen gebutterten gusseisernen Topf gesetzt, mit Butterflöckchen belegt und mit Zitronensaft beträufelt.
3.
Im Backofen bei 180 Grad etwa 20 Minuten backen.
4.
Auf Glasteller mit Vanillesauce anrichten.

Vanillesauce:
1.
2 dl Milch und Vanillezucker aufkochen.
2.
20 Gramm Stärkemehl mit 1 dl Milch und 80 Gramm Zucker und 4 Eigelb verrühren.
3.
Mit der kochenden Milch aufgießen und bei kleiner Flamme vorsichtig stocken lassen.

Martin Schneider

Apfelwaffeln mit Saar-Riesling-Schaum

Zutaten: Waffeln:
60 Gramm Butter
20 Gramm Zucker
2 Eier
60 Gramm Mehl
60 Gramm Speisestärke
1/2 Teelöffel Backpulver
1/2 Tasse Milch
1 Apfel in Streifen geschnitten

1.
Aus den vorgenannten Zutaten wie gewohnt einen Teig herstellen und die Apfel-Streifen untermischen.
2.
Waffeln backen.

Zutaten: Riesling-Schaum
1/8 Liter Riesling
2 Eigelb
30 Gramm Zucker

Zutaten im Wasserbad schaumig schlagen.

Artur Rose

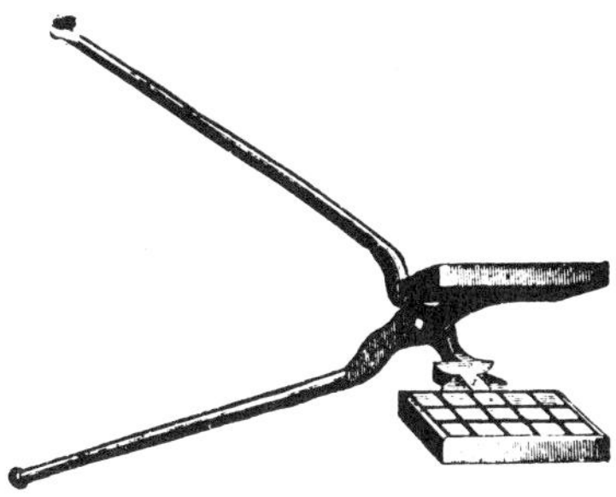

Gebackene Apfelreis-Bällchen in Viez-Schaum-Soße

Zutaten für die Bällchen:
80 Gramm Bruchreis
1/4 Liter Milch
30 Gramm Zucker
etwas gem. Zimt
1/2 Zitrone (Saft)
1 1/2 Apfel
2 ganze Eier
Mehl und Paniermehl
Backfett

Zutaten für die Soße:
3 ganze Eier
1/4 Liter Viez
20 Gramm Zucker
1 Zitrone (Saft)

Aus Reis, Milch, Zucker und Zimt einen Reisbrei kochen, wobei der Reis gut ausquellen muß. Unter diese Masse 2 Eigelb (die Eiweiß verrühren wir mit etwas Wasser und verwenden sie zum Panieren), und die in feine Würfel geschnittenen Äpfel mengen.
Die Äpfel werden nach dem Schneiden mit dem Saft der Zitrone betreufelt, daß sie nicht dunkel werden. Nach dem Abkühlen aus der Masse walnußgroße Bällchen formen und wie Kroketten panieren. Im heißen Backfett goldgelb backen und auf warme, tiefe Teller oder Schüsseln anrichten. Mit der Viez-Schaum-Soße überziehen.

Zubereitung der Soße:
Alle Zutaten in einen Schneekessel geben und im Wasserbad so lange aufschlagen bis der Schaum steht.

Karl-Heinz König

„Kalorienbombe“

Zutaten:

Hefeteig	*3 Eier*
750 Gramm Äpfel	*1/2 Beutel Rahm*
20 Rosinen	*2 Eßlöffel Zucker*
1/2 Tasse Milch	*1/2 Beutel Rahm*

1.
Den gezuckerten Hefeteig ausrollen, ein geschmiertes Blech damit belegen.

2.
Mit den geschälten Apfelspalten belegt, die eingeweichten Rosinen darübergestreut und mit 1 Eßlöffel Zucker bestreut, gibt man das Blech in den heißen Ofen – ca. 150 Grad – und bäckt das Ganze ca. 15 Minuten.

3.
In dieser Zeit rührt man die restlichen Zutaten – Milch, Eier Rahm, restl. Zucker, 1 Eßlöffel Vanillepudding – glatt und gibt sie über die Äpfel. Nun bäckt man noch einmal ca. 15 Minuten und serviert evtl. warm.

4.
Mit einem dicken Klecks Sahne ist diese „Kalorienbombe“ noch effektvoller.

Parfümierter Apfelsalat auf Aprikosen-Blätterteig

Zutaten:
2 große Äpfel
Streuzucker
1 Zitrone (Saft)
2 Platten Blätterteig (tiefgekühlt)
Butterflöckchen
Aprikotage
geröstete Mandelblättchen
Apfeltrester

Die Äpfel schälen, im Segmente teilen und feinblättrig schneiden, mit Zitronensaft und Zucker marinieren und kalt stellen.
Den Blätterteig dünn ausrollen und Kreise von ca. 10 cm Ø ausstechen. Kräftig mit Streuzucker bestreuen, mit Butterflöckchen bedecken und auf gut gefettetem Backblech im heißen Ofen bei ca. 250 bis 300 Grad etwa 10 bis 15 Minuten backen, so daß der Zucker karamelisiert. Aus dem Ofen nehmen und sogleich mit heißer Aprikotage (Aprikosenmarmelade mit etwas Zucker und Wasser verkochen lassen) überziehen.
Die heißen Blätterteigkuchen auf Teller anrichten und den vorbereiteten Apfelsalat in der Mitte anrichten. Mit dem Apfeltrester parfümieren und die gerösteten Mandelblättchen darüber streuen.

Karl-Heinz König

Viez-Äpfel

Zutaten:
4 mittlere Äpfel
100 Gramm Rosinen
50 Gramm Butter
60 - 80 Gramm Zucker
2 dl trockenen Saarwein
4 dl Viez
100 Gramm Apfelmus
100 Gramm Stachelbeermus

1.
Die Äpfel halb schälen, entkernen, halbieren und auf eine feuerfeste, gebutterte Form geben.

2.
Die Rosinen mit dem Zucker, dem Wein und dem Viez verrührt über die Äpfel gießen und bei mittlerer Hitze im Ofen weichdämpfen.

3.
Die Äpfel herausnehmen, den Saft mit Apfel- und Stachelbeermus etwas eindicken, dann über die Äpfel geben und mit Vanillesoße separat servieren.

Mahlzeit
Morgens
schmeckt ma's,
middachs
schmeckt ma's,
nur omends
werr ich net satt
saarl. Volksweisheit

Zwetschgen-Apfelmus
(6 Portionen)

Zutaten:
500 Gramm Zwetschgen
500 Gramm Äpfel
4 Eßlöffel Zucker
1 Zitrone
1 Nelke
1 Messerspitze Zimt
50 Gramm Rosinen
6 Bällchen Zitroneneis

1.
Zwetschgen waschen, entsteinen und halbieren. Äpfel schälen und in kleine Stücke schneiden, etwa so groß wie eine halbe Zwetschge.
2.
Rosinen waschen und mit Küchenrollenpapier trocken tupfen.
3.
In einen Topf die ausgepreßte Zitrone mit dem Zwetschgenwasser geben. Den Zucker hinzufügen und erhitzen.
4.
Alle Zutaten, Zwetschgen, Äpfel, Nelke, Zimt und Rosinen dazugeben und ca. 8 Minuten köcheln lassen.
5.
In eine Schüssel geben und erkalten lassen.
6.
In einer größeren Sektschale mit einem Zitronenbällchen servieren.

Luise Stinsky

Himmlisches Halbgefrorenes

Zutaten:
1/4 Liter Sahne
2 ganze Eier
100 Gramm Streuzucker
2 Äpfel
1/2 Zitrone (Saft)
gemahlener Zimt
Apfeltrester
4 Eiswaffeln/Hippen

Äpfel schälen und klein schneiden, mit einer Prise gem. Zimt, dem Zitronensaft, sowie der Hälfte des Zuckers zu einem dicken Brei verkochen. Kalt stellen.
Die Eier mit dem restlichen Zucker im Wasserbad so lange aufschlagen bis die Masse steht und dann wieder im kalten Wasser kalt rühren.
Die Sahne steif schlagen, mit Äpfeln und der Eiermasse langsam verrühren und mit einem Schuß Apfeltrester abschmecken. Sofort in Formen füllen und einfrieren.
Die Form leicht mit heißem Wasser übergießen, bis sich das Eis heraus nehmen läßt, auf einer Platte anrichten, mit Sahne garnieren und Eiswaffeln einstecken. Das Halbgefrorene schneidet man am Tisch auf.

Karl-Heinz König

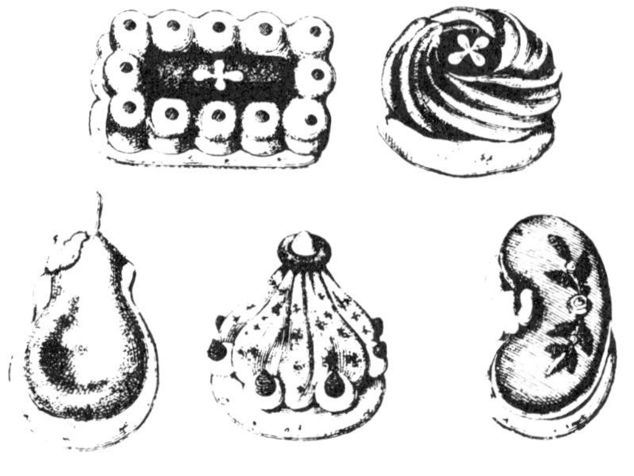

Bananencreme

Zutaten:
1/2 Liter Milch
1 Päckchen Vanillepudding
Zucker
2 Eiweiß
1/4 Liter Sahne
3 Bananen
Saft einer Zitrone

1.
Pudding laut Packung zubereiten.
2.
Bananenstücke mit Zitronensaft gemischt in den noch heißen Pudding geben.
3.
Geschlagenes Eiweiß und geschlagene Sahne unterheben.
4.
Alles durch ein Sieb streichen.
5.
Eine Banane in Stücke schneiden, in Dessertschalen legen und mit der Creme übergießen.
6.
Kaltstellen.
7.
Mit geschlagener Sahne und Bananenscheibe mit Schale garnieren.

Siegfried Schwarz

Birnenspalten mit Zimtsabayon und Pfefferminze

Zutaten:
4 schöne Birnen
4 Eigelb
15 cl trockenen Weißwein (Saar)
2 Zimtstangen oder Pulver
etwas Pfefferminze

1.
Die Birnen schälen und in Spalten schneiden.
2.
Mit 2 Eßlöffel Zucker und den Zimtstangen (oder Pulver) in der Hälfte des Weißweins dünsten.
3.
Die Birnen herausnehmen, die Flüssigkeit abkühlen lassen.
4.
Die Eigelb dazugeben (bei Bedarf etwas Weißwein und Zucker) und warm zu einem Sabayon aufschlagen.
5.
Das Sabayon auf dem Teller anrichten, die Birnenspalten hineinlegen und mit kleingeschnittener Pfefferminze garnieren.

Jean-Luc Jaeger

Revolution

„Die Schmarotzer, die werden aus dem
Land gejagd, an den Galgen
werden sie gehängt,
Liberté, Egalité, Fraternité!
Dadurch wird die Welt gesund!“
„Ihr mit Euerm neumodischen Tee“,
haben die Leute gerufen,
„bleibt uns weg damit!
Wenn wir Bauweh haben, halten wir
uns an Pfefferminz oder Alzem.“

Maria Croon

Honigbirne mit frischer Minze

Zutaten:
400 Gramm Honig
1 dl Weißwein trocken
8 Stück kleine Birnen geschält
1 Strauß frische Minze
Zitronenstücke

1.
Die Birnen ganz (geschält) in Wasser, Weißwein und etwas Zitrone pochieren.
2.
Den Honig unter ständigem Rühren auf kleiner Flamme aufkochen. Dabei immer wieder abschäumen.
3.
40 Minuten simmern lassen.
4.
Die Birnen dazugeben, daß sie völlig zugedeckt sind.
5.
Nochmals 10 Minuten simmern lassen. Im Fond erkalten lassen.
6.
Zum Servieren die Birnen vorsichtig aus dem Honig nehmen, auf dem Teller anrichten, mit Minze und Zitronenscheibe ausdekorieren.

Marcus

Zwetschenfladen auf Weißbrotteig mit Sahne

Zutaten:
200 Gramm Hefeteig für Weißbrot vom Bäcker
750 Gramm Zwetschen
2 Eßlöffel Zucker
1/2 Becher Sahne

Ein rundes Backblech belegt man mit dem ausgerollten Hefeteig, belegt mit den entsteinten und eingeschnittenen Zwetschen, streut 1 Eßlöffel Zucker darüber und bäckt bei mittlerer Hitze (150-180 Grad) ca. 25 Minuten.

Vor dem Servieren bestreut man mit dem 2. Eßlöffel Zucker und reicht Sahne dazu.

Dieter Riehm

„Hansenberger Erdbeerbecher“

250 Gramm Erdbeeren putzen, waschen, vierteln, nach Belieben mit etwas Zucker bestreuen und im Kühlschrank aufbewahren.

1/4 Liter Rahm halbsteif schlagen. 4 Eßlöffel Vanilleeis, 2 cl Cognac, 2 cl Gauwhisky hinzufügen, alles zu einer luftigen Masse aufschlagen, dann pikant mit schwarzem Pfeffer (natürlich frisch gemahlen) abschmecken.

In Dessertschalen 1 Bällchen Vanilleeis geben, mit den Erdbeeren bedecken, die Sauce überziehen und mit etwas Pfeffer bestreuen.

Winfried Emrich

Kleine Dampfnudeln mit Vanillesauce

Zutaten:
1 Hefeteigkloß pro Person, gezuckert
1/2 Tasse Wasser
1/2 Tasse Milch
1 Eßlöffel Schmalz
Vanillesauce

1.
In einen festschließenden Topf setzt macn pro Person einen Hefeteigkloß – gezuckert.
2.
Gibt ca. 1/2 Tasse Wasser, 1/2 Tasse Milch und einen Eßlöffel Schmalz dazu.
3.
Und läßt den Topf etwa 20-25 Minuten auf kleiner Flamme.
4.
Bis zum Servieren **muß** der Topf fest geschlossen bleiben.
5.
Dann gibt man je Person eine Dampfnudel auf einen vergewärmten Teller und übergießt sie mit warmer Vanillesauce.

Dieter Riehm

Vanillesoße „Saarländer Art"

Zutaten:
1/2 Vanillestange
1/4 Liter Milch
1 Eigelb
60 Gramm Zucker
50 Gramm Haselnüsse
50 Gramm Walnüsse
1/8 Liter Saarwein

1.
Die Vanillestange, die Milch, der Wein, die Hasel- und Walnüsse (Nüsse ganz fein gemahlen) zum Kochen bringen, vom Feuer nehmen und beiseite stellen.
2.
Eigelb und Zucker schaumig rühren (im Wasserbad!!).
3.
Danach die Milch abpassieren und unter die Eigelbmasse schlagen, auf Wasserbad bis zur „Rese" schlagen und sofort heiß servieren.

Zu Gast in Saarbrücken

... ohne alle drückende Umständlichkeit heißt der siebzigjährige Mann mich Platz zu nehmen, läßt mir vorlegen und zum Willkommen das Glas füllen. Er frägt nicht, wer ich sei, woher ich komme; gerade wie es Brauch war in jener homerischen Zeit, als auch die angekommenen Gäste genug der Speis' und des Trankes genossen ...

August Hermann Niemeyer

Rhabarberschaum

Zutaten:
600 Gramm Rhabarber, geschält, in Stücke geschnitten
Rhabarberblätter
1/4 dl Weißwein
300 Gramm Zucker
5 Eier geteilt
1/4 Liter Sahne
5 Blatt Gelatine

1.
Die Gelatine in kaltem Wasser einweichen.
2.
Den Rhabarber zusammen mit Zucker und Weißwein in der Pfanne anziehen. Den entstandenen Saft sofort auspassieren und kaltstellen.
3.
Die Eigelb mit dem entstandenen Saft aufschlagen, dann kaltstellen.
4.
Nacheinander Eiweiß und Sahne steifschlagen und kaltstellen.
5.
Die Gelatine ausdrücken und im Wasserbad flüssig machen.
6.
Danach vorsichtig mit dem Holzlöffel die Sahne, dann das Eiweiß unter die Eigelb-Rhabarbermasse ziehen. Als letztes die flüssige Gelatine daruntermelieren und sofort in die gewünschten Schalen abfüllen. Kaltstellen.
7.
Vor dem Servieren mit Rhabarberstücken belegen. Gelbe Rhabarberblätter als Dekoration.

Marcus

Roter Johannisbeerschnee

Zutaten:
2 dl Sahne
2 Eiweiß
2 dl Joghurt
60 Gramm Puderzucker
200 Gramm rote Johannisbeeren
etwas frische Minzblätter

Die Sahne wird geschlagen, das Eiweiß ebenfalls. Den kalten Joghurt sämig rühren. Die Johannisbeeren waschen und abzupfen.

1.
Zuerst den Eischnee unter die Sahne ziehen.
2.
Daraufhin den Joghurt vorsichtig daruntermelieren.
3.
Danach die gut abgetropften Beeren und den Puderzucker mit einem Holzlöffel daruntermelieren.
4.
Sofort servieren!!! Kalt!!!
5.
Mit Minzblättern ausdekorieren.

Marcus

„Dudweiler Eisbällchen“

Zutaten:
100 Gramm Mehl
2 Eßlöffel Zucker
3 Eier
30 Gramm Butter,
1/4 Liter Milch, Salz, Öl
4 Kugeln Speiseeis, Schlagsahne,
Schokoladeornamente,
Fruchtsauce, Fett zum Abschmecken
Paniermehl und Mandeln

1.
Zunächst wird ein recht dünner Crepesteig hergestellt.
2.
Dann werden die Crêpes goldgelb mit Butter gebraten.
3.
Nachdem diese abgekühlt sind werden diese mit Eis gefüllt. Man formt praktisch die Crêpes zusammen mit dem Eis zu einer Kugel, bzw. einem Ball, legt diese geformten Kugeln einen Moment in die Tiefkühltruhe.
4.
Läßt es kurz anziehen und paniert dieses mit Ei und Mandeln (gehobelt oder gestiftet). Zum Panieren verwende ich noch ein wenig Paniermehl, welches ich unter die Mandeln gebe.
5.
Das ganze wird dann in der Friteuse ausgebacken und mit Frucht-, Schokoladensauce oder Vanillesauce serviert. Auch ein kalte Sabayon oder Sauce eigent sich hierfür.
6.
Beim Anrichten überstreue ich die Eisbällchen mit Puderzucker und garniere mit Schlagrahm, Schoko-Ornamenten und frischen Saisonfrüchten.

Gaukirschen mit schwarzem Pfeffer auf Vanilleeis

Zutaten:
400 Gramm frische, entsteinte Kirschen
oder eingemachte Kirschen (gut
abtropfen lassen)
1/4 Liter geschlagene Sahne
Zucker zum Süßen
schwarzer Pfeffer frisch aus der Mühle
2 cl Cherry Brandy
2 cl Jamaica Rum
2 cl Kirschwasser
400 ml Vanilleeis (aus der
Tiefkühltruhe)
4 Rollhippen
4 Eiswaffeln

Die Kirschen mit dem Alkohol marinieren, bei frischen Kirschen mindestens 1/2 Stunde ziehen lassen. Auf die geschlagene Sahne nach Belieben schwarzen Pfeffer mahlen, die Kirschen hinzu geben und sanft mischen.
Das Vanilleeis in Gläser oder auf Teller geben und mit der Kirschen-Sahne überziehen. Zur Vollendung einen Hauch schwarzen Pfeffer darüber mahlen und mit dem Gebäck garnieren.

Überbackene Wähle mit Köllertaler Nußlikör

Wähle, das sind Heidelbeeren.
Wie früher der Wählehändler sagte: „Wähle, Wähle, Heidelbeere!“.
Da kann man wirklich sich „die Schniß verschmeere“.

Zutaten:
750 Gramm Heidelbeeren
2 dl Köllertaler Nußlikör
5 Eier
2 dl Sahne
200 Gramm Zucker

1.
Die Eier, den Zucker und den Likör zusammen im Wasserbad schaumig schlagen.

2.
Die geschlagene Sahne in die lauwarme Masse vermengen.

3.
Das ganze über die Heidelbeeren schütten und in einem Schälchen im Grill überbacken.

Köllertaler Nußlikör

Zutaten:
30 Walnüsse
30 Gewürznelken
3 Gramm Zimt
1 Glas Weinbrand

1.
Die Walnüsse zerstoßen. Danach gibt man sie in einen Krug, fügt die Nelken und den Zimt zu und übergießt sie mit Weinbrand.

2.
Der Krug wird zugekorkt und in die Sonne gesetzt. Sieben Wochen stehen lassen.

3.
Darauf achten: jeden Tag schütteln!! Danach filtert man den Sud durch ein Mulltuch.

4.
Kandis in Flaschen füllen, den Sud zugeben und nochmals einige Tage stehen lassen, damit sich der Zucker klärt.

Kleines saarländisches Küchenlexikon

von **A** wie „ahnbrenne losse" bis
Z wie „Z(w)iwwele"

Wichtige Erkenntnis
Esse unn trinke sind die drei
scheenschde Sache wo's gebbd.
saarl. Volksweisheit

ahnbrenne losse

Sollte man nie tun, weder in der Liebe, noch in der Küche. Wer es trotzdem tut, stößt auf kohleähnliche Stoffe in der Pfanne. Er muß empörte und besserwisserische Familienangehörige ertragen, die die Fenster aufreißen und einen nicht gerade dazu ermutigen, die Kochkünste zu vervollkommenen.

Also: Immer in Herdnähe bleiben und darauf achten, daß nichts so heiß gegessen wird wie es gekocht wird.

brutschele

Eine Tätigkeit, die vor allem gern von Männern ausgeübt wird. Das Wort hat dennoch nichts zu tun mit der „Brutsch" (= Lappmaul), die einige „Brutscheler" während ihrer weihevollen Tätigkeit ziehen.

Das hochdeutsche Wort „brutzeln" (Intensivbildung zu „brodeln") kennzeichnet diese Tätigkeit nur höchst unklar, denn „brutzeln" heißt laut Duden „mit leisem Geräusch braten". Wer aber im Saarland „brutschelt", der macht Krach. Er weist akustisch auf die Bedeutung seiner Tätigkeit hin (zischendes Fett, Fluchen, lautes Kommentieren der einzelnen Kochschritte usw.)

Budder, guddi

Die saarländische Umgangssprache schmeichelt den Lebensmitteln: Butter ist „gute Butter". Man grenzt sie damit von der Margarine ab, die jedoch niemand als „schlechte Butter" bezeichnet, noch nicht einmal unter den Oberbegriff „Butter" subsumiert. Vielleicht war das früher mal anders. Wahrscheinlich sogar. Merkwürdig nur, daß sich die Formulierung „guddi Budder" bis heute gehalten hat.

Dibbe

Sämtliche Töpfe heißen so. Wahrscheinlich hat die Wortherkunft etwas mit dem Begriff „tief" zu tun. Der „Dibbe" war ein tiefer Topf (gotisch: diups, englisch: deep, schwedisch: djup), wobei in einigen indogermanischen Sprachen ein Zusammenhang besteht zwischen „tief" und „eintauchen" bzw. „eintunken". Dadurch ergibt sich eine weitere Erklärungsmöglichkeit.

Den Gourmet aber interessieren solche Ähnlichkeiten herzlich wenig. Ihm geht es darum, was in dem „Dibbe" drin ist.

Gellerriewe

Ein vollkommen falscher Begriff. Die „Gellerrieb" ist zwar eine Rübe, aber sie ist hellrot und nicht gelb. Was uns selbstverständlich nicht davon abhält, sie als beliebte Zutat in der Küche zu verschaffen.

Beliebt ist sie bei Kindern als Nase für den Schneemann und als Bestandteil des Neckrufs „Ätsch Gellerriebsche". Dabei werden die beiden Zeigefinger so aufeinandergerieben,wie man es tut, wenn man zwei Messer schleifen will.

Grumbeer

Saarländisch für Kartoffel. Im Nordsaarland „Grumber". Nicht nur ein beliebtes Grundnahrungsmittel, sondern auch ein ständiges Gesprächsthema sämtlicher Mundart-Freaks. Sie streiten sich darüber, ob der Ausdruck von Grundbeere oder von Grundbirne kommt und vergessen oft dabei, welch' herrliche Gerichte man daraus machen kann.

Haarzschmeer

Ins Vornehme übersetzt heißt Harz „Zuckerrübenkraut“. Hier ist die Mundart viel präziser. Es handelt sich nun mal nicht um Kraut, sondern um Sirup, eine „Schmeer“ bzw. „Schmier“.

Sie eignet sich nicht nur als Brotaufstrich, sondern auch als Zutaten für Soßen, z.B. für Sauerbraten.

Hawe

Saarländisch für „Topf“. Die Worte „Hafen“ und „Hawe“ gehen auf den gleichen germanischen Stamm zurück. Dieser bezeichnet etwas, wo man Dinge aufbewahrt, also Schiffe und Lebensmittel.

Der Hawegucker bzw. Dibbegucker macht sich nur dann beliebt, wenn er nach dem Kosten, das dem „Gucken“ folgen muß, Komplimente verstreut und / oder Laute kulinarischer Wollust von sich gibt, etwa: Aaah, mmmh, oi-oi-oi.

Kappes

Das Wort hat eine kulinarische und eine allgemein abwertende Bedeutung. Weißkohl heißt in den westdeutschen Mundarten Kappes, ebenso dummes Zeug, törichtes Geschwätz und unbrauchbare Stümperarbeit. Diese Doppelbedeutung veranlaßte bereits Satiriker zu der Behauptung, Kohl sei Kappes.

Der Kappes jedoch ist ein wohlschmeckendes, vielseitig verwendbares Gemüse.

Kerschdscher

Das Lieblingsessen in den Schlafhäusern der saarländischen Bergleute. Rohe, gewürfelte Kartoffeln werden in einer gußeisernen Pfanne in heißem Fett so lange gebraten und gewendet, bis sie schwarzbraun sind. Man kann dazu Quark essen, Spiegeleier und Salat oder auch nur Senf. Dann empfiehlt sich aber dazu eine Flasche Bier (mindestens!).

Korschd

Saarländisch für „Kruste“. Die „r-Umstellung“ wandelte auch ein wenig die Bedeutung. Die „Korschd“ ist nicht nur die Brotrinde, sondern alle Stellen von Fleisch, Fisch oder Gemüse, die braun bis braun-schwarz gebraten sind. Dann schmeckts besser, denn das Essen ist „gut korschdisch“.

Kneip'sche

Das kleinste Messer in der Küche. Im Mittelalter wurde das Wort „kneipen“ gebraucht für „klemmen, zwicken, kneifen“. Interessant auch die Parallele zum englischen „knife“ (= Messer).

Knepp

Saarländisch für „Knödel“, aber abgeleitet von „Knöpfe“. Aber kein Mensch würde „gefüllte Knöpfe“ als seine Lieblingsspeise bezeichnen, weil „Knöpfe“ lediglich als „Zutaten“ für Kleider und nicht mehr fürs Kochen benutzt werden. Im Saarland kennt man die Redewendung „Mach kenn Knepp“ und das Schimpfwort „Kneppdreher“. Beides wird aber vor allem im „außerkulinarischen Bereich“ gebraucht.

Lyoner

„Das saarländische Wappentier“, das „Steak der Bergleute und ihrer studierenden Enkel“, „der Worschd“ schlechthin. Hat wahrscheinlich mit der französischen Stadt Lyon nur indirekt etwas zu tun. Wurde – der Legende nach – im 19. Jahrhundert ins Saarbrücker Kohlerevier aus Schwaben als „das Luxusessen“ der Bergleute eingeführt.

„Der Lyoner“ hat für viele Saarländer einen starken symbolischen Wert. Er erinnert an die Kindheit und arbeitet über das Unterbewußtsein mit einer starken männlichen und weiblichen Sexualsymbolik.

Pann, gußeiserni

Muß man unbedingt im Haus haben. Ohne sie kann man weder „Dibbelabbes“, noch „Kerschdscher“ braten. Ohne Probleme kann man sie in den Backofen stellen. Da schmilzt kein Plastikgriff. Aber Vorsicht beim Rausnehmen! Auch beim Kochen kann man sich die Finger verbrennen.

Peterling

Saarländisch für Petersilie (der „Felsen-Sellerie“). Das Wort „Peterling“ entstand aus der Kurzform „Peterle“, die im süddeutschen Raum verbreitet ist. Da die Saarländer mit der schwäbischen Endung „le“ offensichtlich nichts anfangen können und ihnen das „silie“ zu hochgestochen wirkt, tendieren sie zu der chinesisch anmutenden Endung „ing“.

Schmeer

Auch „Schmier“. Eine Scheibe Brot, auf die man etwas geschmiert hat (Butter, Leberwurst, Harzschmier). Ein saarländisches Sandwich also. Wird auch gebraucht, wenn das Brot nicht „geschmiert“ ist, sondern belegt.

„Jemand e Schmier mache“ heißt soviel wie „jemand ein (falsches) Kompliment machen“.

Außerdem bezeichnet „Schmier“ die dickflüssigen Massen, die entstehen, wenn man Eier, Käse oder Leberwurst mit Fett und Mehl verlängert und heiß serviert. „Eier-, Käs- und Lewwerworschdschmier“ gab es früher oft in saarländischen Arbeiterfamilien.

schmelze

Im Hochdeutschen bedeutet „schmelzen“ soviel wie „etwas flüssig machen“ (kein Geld, sondern Erze und Metalle). In der saarländischen Küche wurde früher immer dann „gudd geschmelzt“, wenn das Geld nicht für Fleisch ausreichte. Die Hausfrau ließ Speck aus und schüttete die „Griebscher“ mit dem flüssigen Fett über die Kartoffeln oder die Knödeln, ganz selten aber über den Salat. Das Fett war gewissermaßen das Fleisch der armen Leute.

Seihschissel

Ursprünglich nicht zum sieben gedacht, sondern zum „seihen“ (= Klären und Reinigen von Flüssigkeiten, z.B. Molke). Daß man damit auch sieben kann, macht diese Schüssel so praktisch.

Mit dem Plural von „Sau“ hat der erste Wortstamm nichts zu tun. Eine Übersetzung ins Hochdeutsche als „Schweinetopf“ ist also nicht korrekt.

Wambe

Alter saarländischer Ausdruck für Urpilscontainer (= Bauch). Die feierten bis zur Jahrhundertwende das Bergfest (im Volksmund „Wambefeschd“, weil man sich bei dieser Festivität den „Wambe“ auf Kosten der Grubenverwaltung vollschlagen konnte).

Der „Wambe“ sorgt beim Kochen für einen gewissen Abstand zwischen dem Koch und dem Herd.

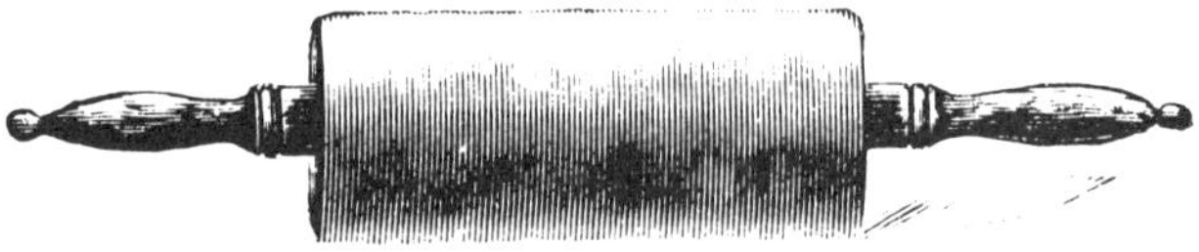

Welljerholz

Wenn man den Witzblättern glauben darf, ist das Welljerholz (hochdeutsch: Nudelholz) die eheliche Offensivwaffe Nr. 1. Damit schlägt die Ehefrau ihrem angetrunkenen Ehemann auf den Kopf, wenn er – wie man an der Aufschrift seines Luftballons nur unschwer erkennen kann – aus der Bar kommt.

Im saarländischen Haushalt braucht man das „Welljerholz“ fast ausschließlich zum „welljern“ (= walgen) des Teigs. Die eigene Nudelherstellung ist lange nicht so verbreitet wie etwa in Baden-Württemberg.

Z(w)iwwel

Saarländisch für „Zwiebel“, wobei in einigen Gemeinden nördlich von Saarbrücken einfach das „w“ weggelassen wird. Das saarländische Problem, zwei aufeinanderfolgende Konsonanten auszusprechen, wird also auf souveräne Art und Weise gemeistert.

Wer andere quält, nicht nur indem er ständig Zwiebeln schält, der „zwiwwelt“ seine Mitmenschen. Und das kann einem bekanntlich Tränen in die Augen treiben.

Rezeptverzeichnis

Aperitifs 10

Vorspeisen

Suppen 64

Salate 68

Hauptgerichte